満洲暴走　隠された構造

大豆・満鉄・総力戦

安冨 歩

角川新書

満洲暴走　隠された構造　目次

1945年ごろの満洲（建設済みの路線を表示。
未開通を含む）

ソビエト連邦
大
小
興
興
安
安
満洲里
満洲国
チチハル
モンゴル人民共和国
嶺
ハルビン
長春(新京)
吉林
鉄嶺
中華民国
奉天
遼陽
海城
万里の長城
営口
大石橋
迷鎮山
錦州
北京
盧溝橋事件(1937)
京奉線
葫盧島
遼東半島
朝鮮
鴨緑江
長
白
天津
関東州
(日本の租借地)
大連
旅順
渤海
重慶

プロローグ　――そして森は消えた

緑に囲まれ虎も生きるユートピア

「満洲《まんしゅう》」という言葉を聞いて、皆さんはどんな風景を思い浮かべるでしょうか。

――どこまでも続く地平線、果てしなく広がる大豆畑。

農作物を山と積んだ大きな馬車が道をゆく傍ら、満鉄の大陸鉄道らしい雄々しい機関車が轟音《ごうおん》とともに大地を駆ける。それは大連《だいれん》・営口《えいこう》・奉天《ほうてん》・長春《ちょうしゅん》・ハルピンなど近代的な大都市を結ぶ。

中国人、朝鮮人、ロシア人、モンゴル人、そして日本人……国際色豊かな旅客たちは夕刻、車窓から真っ赤な夕陽を眺める、まさに夢と浪漫《ロマン》の大地・満洲――。

こんなところでしょうか。

いや、お若い方ならそもそもイメージが湧かないかもしれません。それどころか……「『満洲』って、なに？」言葉そのものをご存じではない方もおられるでしょう。

「満洲」――それはユートピアの名であり、血塗られた大地の名でもあります。

「植民地」――この言葉を今私たちは遠い世界の言葉、他人事のように聞いていますが、何を隠そうわずか七〇年前、日本はこの満洲を植民地にしていたのです。

地域としては、現在の中華人民共和国の東北地区のあたりを指します。のちほどご説明しますが、おおよそロシアと北朝鮮とモンゴルと万里の長城に囲まれた地域だと思ってください。ここにはその昔、「樹海」と呼ぶのにふさわしい、それはそれは鬱蒼《うっそう》とした大森林がありました。樹齢五〇〇年を数え高さ四〇メートルを超える朝鮮五葉（紅松）の果てしない森が広がっている地域もありました。また大森林のほかに広大な湿地帯と草原とがあり、多様性の極めて高い豊かな生態系がありました。

その豊かさゆえに、ほかの地方ではすでに絶滅した貴重な動植物もたくさん棲息《せいそく》しています。虎を見ることも珍しくなく、豹《ひょう》にいたっては猫のごとくいました。地には熊、鹿、山猫、ゴーラル（満洲カモシカ）。空には雉《きじ》、ウズラ、鴨、シギ、雁、それに鶴や鷹《たか》。樹木ではモミ、唐松、白樺《しらかば》やアカシア、楓《かえで》、ナラなど。山葡萄《やまぶどう》やサルナシの実の美味《おい》しさは格別で、大木から灌木《かんぼく》まで実に様々な木々が混じり合ってのびのびと枝を伸ばしています。

まさに動植物のユートピア。

ここは清《しん》朝を建てた満洲族の故地であったために、自然をそのまま保全すべく開発が禁止されていました。耕作は奉天を中心とした南満《なんまん》地域のみで許され、その西にモンゴル族の遊牧地域、その東に満洲族の領域が広がっていました。

そこには、代々の皇帝が軍事訓練を兼ねて毎年行った、数千人規模の大規模な巻き狩りのための狩り場、許可の与えられた者しか入山を許されない貴重な朝鮮人参《にんじん》の採取場、こちらも珍重された貂《てん》皮や蜂蜜《はちみつ》を採集する土地や祭祀《さいし》用の鹿の養育地、さらには風水上の観点から保全されている地域までありました。

移住や耕作は厳しく禁じられていたのですが、清朝も後半になると種々の事情で規則もだんだん緩んできます。移民を止められなかったり、開発を認めて税収を得る方がいいと方針が転換されたりします。

それでも、日露戦争（一九〇四〜〇五）当時にこの地で戦いを繰り広げた日本の記録に

（上）バイコフが描いた「虎を撃つ猟師」（バイコフ『偉大なる王』）
（下）大豆畑に夕日が沈む様子。そのイメージは劇的に変化した（一色達夫、宇野木敏編『写真集［満洲］遠い日の思い出』）

は、鉄道駅の間近に虎が出た豹が出た、とあります。そのころはまだそのぐらい、豊かな自然の面影が残されていたのです（永井リサ「タイガの喪失」参照）。

しかしその後、日本からの開拓団が入ったころ、一九三〇年代になると、ずいぶんと様相が違います。虎や豹がまったくいないのはもちろん、森林はその多くが伐採され、山々は禿山《はげやま》と化していました。これが冒頭で描いた満洲の姿です。

つまりこの大きな変化は、わずか二〇年ほどの間に起きたのです。たった二〇年で、緑あふれる母なる大地、人間はたまにそこに分け入り自然の恵みのおこぼれにあずかっていたような土地が、ただ一面の大豆畑へとぺったりと描き変えられてしまったのです。

人間の営為は、ある条件が整ったとき、だれにも止められないような爆発的な拡大、つまり暴走を始めます。こうした壮絶な森林伐採は、満洲だけではなく、今現在もたとえば南米アマゾン流域やシベリアをはじめとして、世界中で行われています。

本書ではこの「暴走」がいったいなぜ起きたのか、そしてこの暴走に日本がどのように関与し、満洲を暴走させつつ自分自身も取り返しの付かない暴走、つまりアジア太平洋戦争へと突入していったのか、またそれはどういう結果をもたらし、今の私たちにどう繋《つな》がっているのか、それらを見ていきたいと思います。

第一章ではどのような要素が「満洲」を成立させたのか、言い換えれば「『満洲』とは何か」を考えます。この章では、深尾葉子《ふかおようこ》（大阪大学大学院経済学研究科准教授）と私とが編集した『「満洲」の成立』（名古屋大学出版会、二〇〇九）の内容を紹介しながら、森林の消滅を通じた「近代的」な社会空間の成立過程を見ていきます。

第二章ではその満洲が「満洲国」となって暴走していく様子を描こうと思います。日本が大きく関与します。つづく第三章では、その暴走が加速し、だれにも止められなくなっていく様を描きます。

そして第四章ではこの満洲国の崩壊、そこに生きた人々の姿を点描することで、現代の日本社会の奥深くに未《いま》だ残る「満洲」を抉《えぐ》り出そうと試みます。驚かれるかもしれませんが、日本は今もなお「満洲」の呪縛《じゅばく》に囚《とら》われたままであるように私には見えるのです。満洲国の成立は一九三二年三月一日、崩壊は四五年八月十八日。たった一三年少しの短い期間ですが、私たちはそこに、七〇年経っても驚くほど変わらない暴走の構造を見出《みいだ》すことができます。

なお、満洲の表記についてひと言申し添えます。

満洲を戦後は「満州」と表記するようになりました。理由は「洲」の字が当用漢字から外れたためでした。満洲族という集団の名称も「満州族」になってしまったのですが、それはあまりにも理不尽な話だと思うのです。しかも、「満州」と表記すると、その一部にすぎない「関東州」や「錦州」や「金州」と同格に見えてしまいます。それゆえ、本書では「満洲」と表記することといたします。

「歴史は繰り返す。一度目は悲劇として、二度目は喜劇として」

カール・マルクスの有名な言葉です。

二度目の喜劇の主人公として世界と後世から物笑いの種にならないためにも、一度目の悲劇、「満洲の暴走」をともに研究し議論し、その結果を記して後世に伝えていきたい、と私は考えます。どうかすこしの間、お付き合いください。

ポジティブ・フィードバックの破壊力

と、その前にすこしだけ、「ものの考え方」という基本的なお話をします。

たとえば「満洲国はなぜできたか」という問いを立てるとします。

一般的には、その主な原因にはいくつか、たとえばAとBとC と……とがあり、Aがまず重要でおおよそ何%ぐらいの割合で影響があり、次にBで約何%の影響があって……と考えがちです。小さな原因から小さな結果が起き、大きな原因から大きな結果が起きる。

これらを合算したものが全体の結果である、と。

私はこれを「線形思考」と呼んでいますが、こういうものの考え方をしてはいけないのです。なぜか。まず第一に、社会においては、さまざまな物事が関連し合い、関係が連鎖して運動しているからです。そこでは因果は一方向に流れるものではなく、循環していま す。ですから、「原因→結果」という枠組みを外し、結果がまた原因に作用する「フィードバック」を重視すべきなのです。

一例を挙げましょう。後ほどまた詳述しますが、満洲においては、鉄道の発達が馬車用部材の流通を効率化し、馬車の発達を促しました。逆にそうやって馬車が発達しますと、それを利用して鉄道の駅へヒトとモノの集中が促され、鉄道がますます栄えました。

このように、ある要素とある要素との間に相互促進作用が生じることがあります。ここに着目します。

この相互促進作用、すなわち「ポジティブ・フィードバック」は、一旦《いったん》作動を始めると想像もできなかったような爆発的な結果を引き起こします。なぜならフィードバックのループが廻《まわ》るたびに自己増殖的に結果が増えていくからです。

たとえば今ここに、要素がAからEまでの五つあるとしましょう。Aが増えるとBが増える、Bが増えるとCが増える、Cが増えるとDが増える、Dが増えるとEが増える。こ

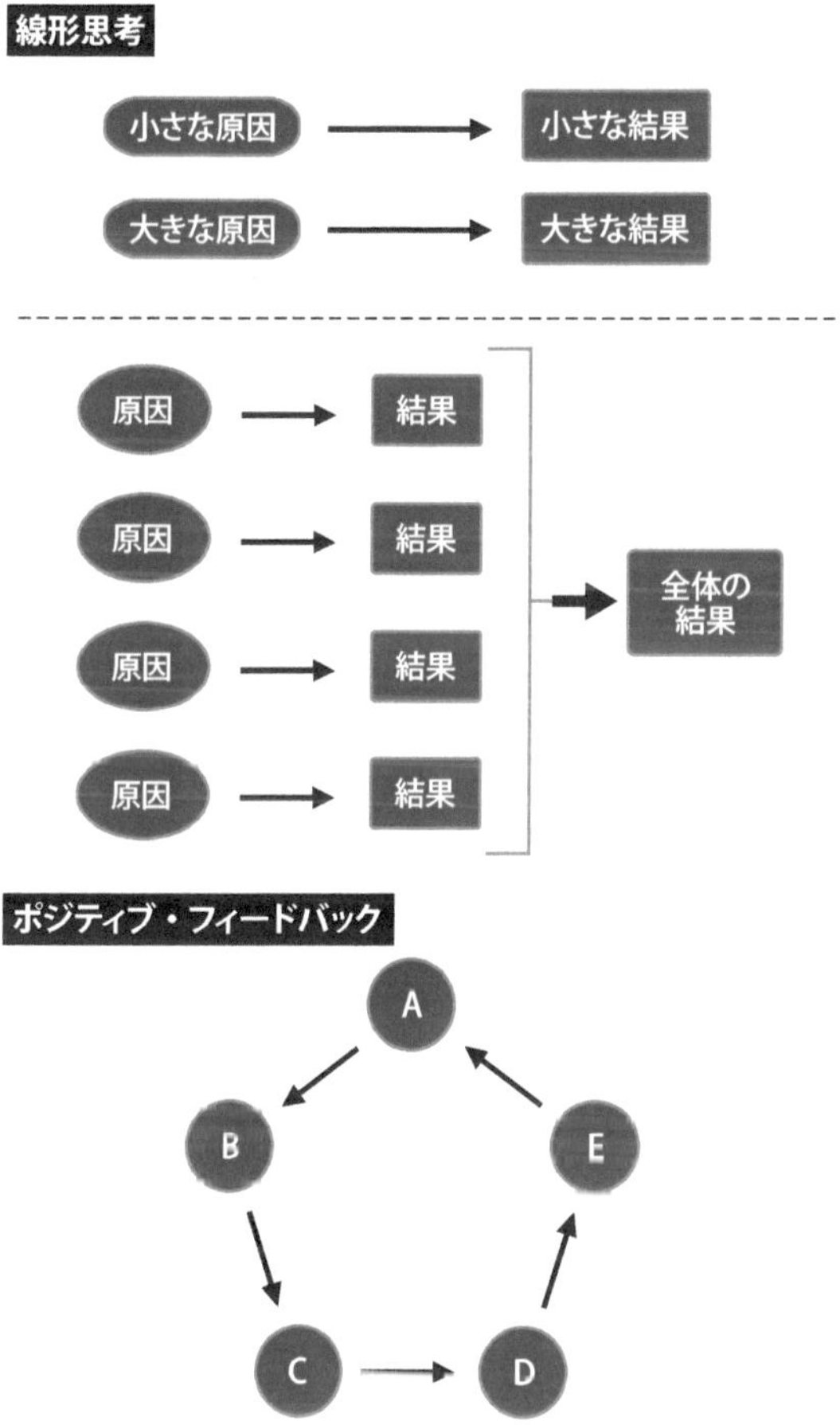

線形思考とポジティブ・フィードバックの比較。線形思考では変化が比例的なのに対し、ポジティブ・フィードバックでは、関連するすべての要素が自己増殖的に増大していく

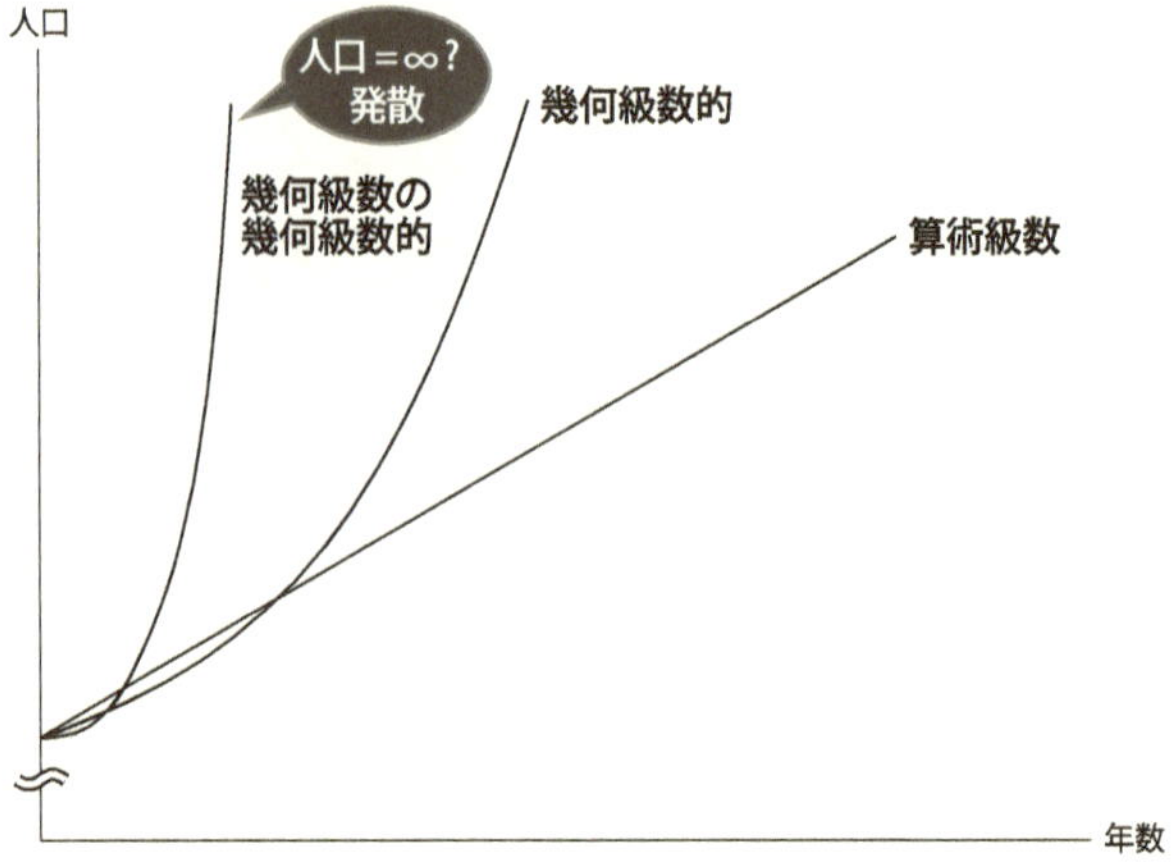

幾何級数の幾何級数で増えるとすると人口は大爆発する

ういう関係があるとします。でも、これだけですとたいしたことは起きません。Aが二倍になれば最終的にEも二倍になる。これは比例的な関係、線形の関係です。

ところがここでフィードバック・ループの最後の一辺、「Eが増えるとAが増える」という条件が加わると、これは大変です。A→B→C→D→E→A→B→……と、循環がぐるぐる廻り出して、すべての要素がすさまじい勢いで増えていくのです。

「世界の人口爆発」という言葉を聞いたことがあるでしょうか。マルサスという人が考えたのですが、「食糧生産は算術級数的にしか増えないが、人口は幾何級数的に増えてしまう。結果、いずれ食糧危機が来る」という説です。

「算術級数」というのは「増加量」が一定のことです。毎年一〇人ずつ増えていく、というものです。

「幾何級数」というのは「増加率」が一定のことです。毎年一〇％ずつ増えていく、というものです。

マルサスは幾何級数と言ったのですが、実は世界の人口は一七世紀以降、一九八〇年代まで、「幾何級数の幾何級数」で増えていました。

「幾何級数の幾何級数」というのは「増加率の変化率」が一定というものです。つまり最初の年は一％増、次の年は二％増、次は四％増、次は八％増……。

ですから世界の人口はこのままいくと二〇二〇年代には「発散」すると予測されていました。「発散」とは「無限大になる」ということなのです。これがポジティブ・フィードバックの破壊力です。もちろんそんなことは物理的に不可能で、実際、その後、増加率が下がり始めました。

この人口大爆発の例でわかるように、実はこういう変化は社会で常に起きていることなのです。人口全体が大爆発してきたわけですから、そこで生じる現象も、基本的に大爆発の傾向を持っていると考える方が自然ですらあります。

このような爆発的な出来事を考察するには、「原因→結果」という線形的で一方通行的なものの考え方では追いつきません。そうではなくて要素同士の関係、相互作用を研究し、それがどのように作用しているか、これを捉《とら》えていくことが必要なのです。

ループの形をもう一度見てください。

「Eが増えるとAが増える」の部分さえ切れていれば、比例の増え方しかしない、ごく普通の変化しか起きないのです。ところがここが繋がった瞬間、あっという間に風景が一変してしまうのです。ですから社会、世の中の特に急激な変化が見られる場合、「どことどこが繋がって、どんな悪循環（良循環）が起きたのか」を把握しなければなりません。

自然の中における多種多様な動植物の繋がりを「生態系」と呼びます。したがってこのものの見方を私は「社会生態史」と呼んでいます。

たとえば過疎の問題。あるいは少子化の問題。あるいは財政赤字の問題。これらは典型的なポジティブ・フィードバックが掛かってしまっている例です。場当たりな対症療法ではどうにもなりません。ループの構造を理解し、どこかを断ち切り、接続を変更するような考え方をしないと問題は解決しないのです。

もう一つ最近の例を挙げましょうか。

皆さんがお持ちのスマートフォン（スマホ）。これはわずか数年、文字どおり「あっという間」に今までの携帯電話から主役の座を奪いました。これも、

スマホが売れる→スマホ用のアプリ（ソフトウェア）開発が盛んになる→使い勝手のいいアプリや楽しいゲームが増える→スマホの魅力が高まる→スマホが売れる→……

という好循環が起きた結果です。

それまで電話機など一台も作ったことがなかったApple社がスマホ「iPhone」を初めて販売したのは二〇〇七年六月。八年後の二〇一五年、第1四半期つまり三ヶ月で彼らは世界中で七四五〇万台のiPhoneを売りました。逆に従来型携帯電話で覇を競ったNOKIAやMotorolaはともに身売りされ、見る影もありません。

最近のビジネス書を開きますと、文字どおり、「『エコシステム』（生態系）を創り出せ！」という言葉が躍ります。こういう循環さえできあがってしまえば、ものすごい勢いで市場が拡がる。逆にこの循環が切れてしまったら、あっという間に衰退する。その激しさを、世界の変化の最前線にいるビジネスマンは肌で感じているでしょう。

以上のように、ポジティブ・フィードバック・ループが廻りはじめると、社会は劇的に変化します。そしてそれが悪い方向に廻ると、「暴走」という形になってシステムごと崩壊してしまいます。

この要素と要素の複雑な絡みあい方、おたがいに影響を与えあう形、これを日本人に馴《な》染《じ》みの深い言葉で表しますと、

「縁起」

ではないかと思います。

すべてのものごとは縁で繫がりあっていて、影響を与えあい、また縁も相手も自分自身も変化していく。因果の網の目が絶え間なく運動して、渦のようなものとして世界を構成している。そういうイメージです。

この「縁起」というものの見方、考え方をしてはじめて、ポジティブ・フィードバック・ループの作動も見えてきますし、暴走のキッカケやその増幅要因も理解できます。またそこから、暴走から脱却する方法も見えてくる、と私は考えます。

第一章では満洲の地に発生したこの縁起を見ていきたいと思います。要素を一つずつ眺め、またその要素が他の要素とどう関係していくのか。縁起の姿を描き出そうと試みます。

第一章　満洲の成立

――絡みあう縁起が円環を成す

混乱の時代、混沌の空間

そもそも満洲《まんしゅう》とはどんな地域で、そこにつくられた「満洲国」とは何なのでしょうか。「満洲」がどの空間を指すのかは、厳密には決まっていません。ここを出身地とする満洲族の清《しん》朝にとっては聖地であり、彼らは直接にその名を呼ぶことを忌避していました。そのため外国人が、漠然と「満洲族の出身地のあたり」を「マンチュリア」「満洲」などと呼称したのです。もともとは沿海州を含む広大な地域を指していました。

本書で考える「満洲」は、北と東では黒竜江《こくりゅうこう》（アムール川）とウスリー川を隔ててロシアと、南東では鴨緑江《おうりょくこう》を隔てて朝鮮半島と、西では大興安嶺《だいこうあんれい》山脈を隔ててモンゴル高原（内モンゴル自治区）と接しています。南西には万里の長城の東端（山海関《さんかいかん》）があり、中国本土（華北《かほく》）との間を隔てています。これはだいたい「満洲国」の版図を念頭に置いている、ということです（9頁地図参照）。

ご注意いただきたいのですが、この本で私が「満洲」と言うときには、この地理的かつ社会的かつ生態系的な空間を指しています。

この空間の上で、清朝が近代化を推進しようとし、ロシアが鉄道を敷設し、日露が戦い、日本が鉄道を獲得し、張作霖《ちょうさくりん》政権が出現し、「満洲国」が成立して崩壊し、ソ連軍が侵入し、中国国民党と共産党とが戦うわけです。この過程で、数限りない人が、数限りない生き物が命を奪われていきます。まさに血塗られた大地です。

「満洲国」は、この「満洲」という空間に一四年に満たない期間成立した一機構に過ぎません。この両者を厳密に区別する必要があります。

ここは太古からツングース系諸民族や北方諸民族の幾多の国家が興亡した場所でした。さらに西からモンゴル系、南東から朝鮮系、南西から漢民族が勢力を伸ばすこともある、まさに民族のるつぼです。

本書の舞台である一九世紀末から二〇世紀初頭にも、中国人、満洲人、朝鮮人、モンゴル人、ロシア人、そして日本人がモザイクのように入り混じっていました。

この地方から興った満洲族のヌルハチが建てた清が一六四四年、漢民族の王朝・明《みん》を滅ぼして、一九一二年まで中国最後の王朝として栄華を誇ります。

その一九世紀末、清は日本と朝鮮半島をめぐって争います。日清戦争（一八九四～九五）です。

この戦争で日本が勝利し講和（下関《しものせき》条約）が結ばれた際、賠償金支払いなどのほかに、清から日本への領土割譲（遼東《りょうとう》半島・台湾《たいわん》・澎湖《ほうこ》列島）が行われました。これが日本の大陸進出の第一歩であり、それが後に大日本帝国を滅ぼす暴走を起こしてしまうわけです。こんなつまらない戦争さえしなければ、どんなに良かったか……。

しかし日本の遼東半島領有をおもしろく思わないのが、中国での権益拡大を目指していた他の列強、ドイツ・フランス、そしてロシアです。日本に「三国干渉」を行い、遼東半島を清に返させるのです。

清が日本に領土割譲した地域

時はまさに帝国主義華やかなりしころ。大国が競って植民地獲得に血道を上げていた時代です。一八六七年の大政奉還（明治維新）以来わずか二八年、とても当時の日本にはこれら列強の要求を跳ね返す力はありませんでした。

ロシアは賠償金支払いのための借款などでも清を助け、見返りとして満洲での権益を大幅に認めさせる露清密約を結びます。一八九六年のことです。これには満洲北部での鉄道敷設権が含まれていました。ロシアはこれを使って「東清《とうしん》鉄道」を敷設しました。満洲里

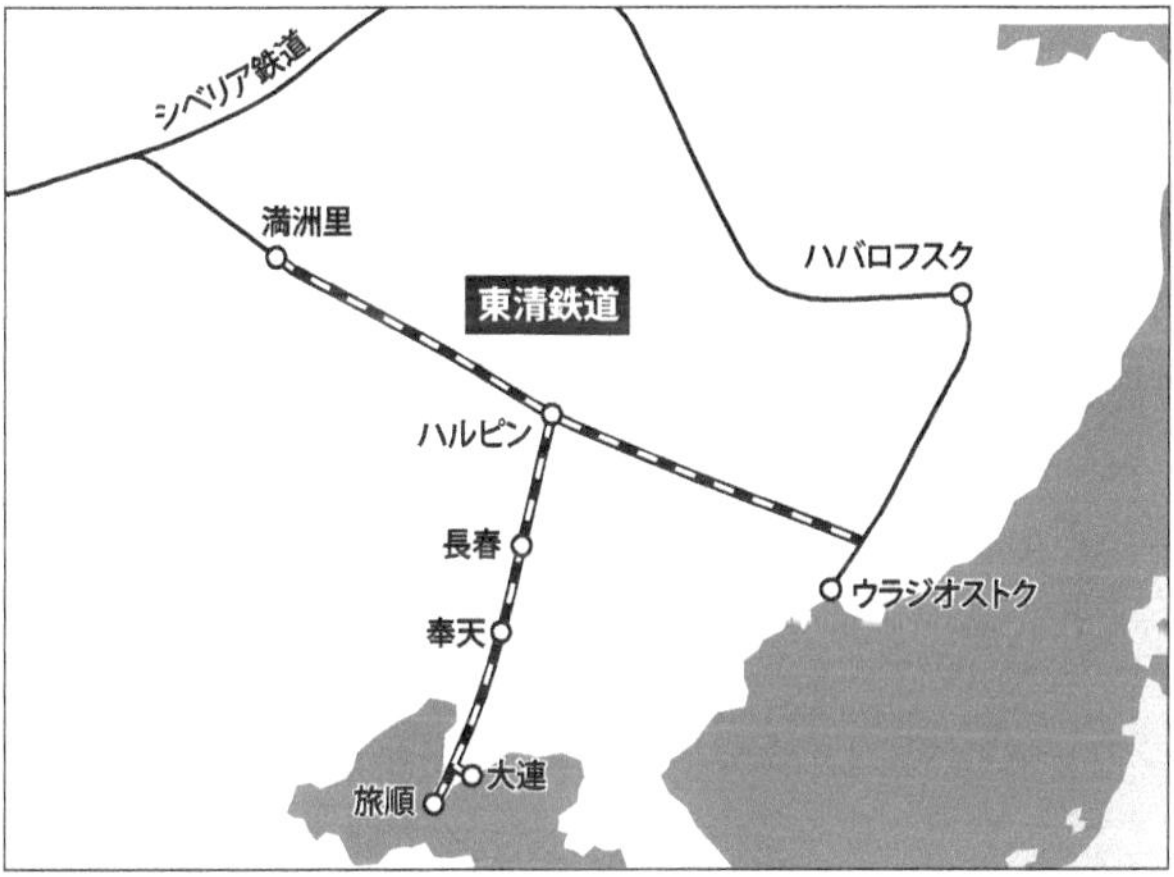

東清鉄道の様子。日露戦争後は長春以南が満鉄に

からハルピンを通ってウラジオストクまで。これはその北にある、ハバロフスク—ウラジオストク間のシベリア鉄道の短絡線（ショートカット）でもあります。

また続いて旅順大連《りょじゅんだいれん》租借条約が結ばれると、ハルピンから南へ向かい、長春《ちょうしゅん》・奉天《ほうてん》（現在の瀋陽《しんよう》。かつて盛京《せいけい》とも呼ばれた満洲の主要都市）を通って旅順・大連へつながる路線も建設されました。

ロシアは伝統的に南下政策を取ります。特に冬も凍らない港、不凍港に対する執着は激しいものです。シベリア鉄道の終着点ウラジオストクは完全な不凍港ではなかったため、凍らない旅順港が欲しかったのです。

つまりロシアは日本に返還させた遼東半

島に自分の鉄道を敷いた挙げ句、旅順に軍港を持ったのです。

これで日本がおもしろいはずはありません。安全保障上の脅威とも感じました。

そこへ一九〇〇年、清で義和団事件が起こります。当時の清には相次ぐ西欧列強との戦争、敗戦によって、外国人が多数入り込んでいました。彼らとの摩擦が火種となり、中国人の間に排外主義運動が起こったのです。義和団はそれを目的とする秘密結社でした。みるみる強大化した義和団を見て、清の実質的指導者・西太后《せいたいごう》が義和団への支持を表明します。そして清軍は日本の書記官やドイツの公使を殺害し、欧米列強に対し宣戦布告し、国家間紛争に発展してしまいました。

日露を含む列強八ヶ国は二ヶ月ほどで北京そして紫禁城《しきんじょう》を制圧。講和を結んだ清は莫大《ばくだい》な賠償金を支払わなければならなくなりました。西太后はこの完敗によって考えを改め、西洋的手法を政治改革に取り入れていくことになります。


ところがこの事件のあと、ロシアが兵を引きません。むしろ増強して満洲を事実上占領してしまいます。

これによって朝鮮半島を挟んで日露は激しく対立、ついに正面からぶつかります。日露戦争（一九〇四〜〇五）です。

奮闘と幸運とイギリス・アメリカの思惑によってなんとか形式上の勝利をもぎ取った日本は、東清鉄道のうち、ハルピンから大連に至る南行き路線の長春以南を獲得しました。これが「南満洲鉄道」いわゆる「満鉄」と呼ばれるものです。

このとき、ロシアより譲り受けた関東州（遼東半島の先端部）と南満洲鉄道附属地を統治防衛するために関東総督府が設置されます。これがすぐ関東都督府となり、ここの陸軍部がのちに独立して「関東軍」になりました。

これが日清戦争から日露戦争までのこの地方の歴史的背景です。この当時の満洲は樹林・湿地・草原のおりなす、緑に覆われた大地でした。これが一気に我々のイメージする赤い夕陽の「満洲」に変化していくのには、どういった要因があったのでしょうか。

「満洲」はなぜ誕生したのか

「満洲」という空間を成立させた要素は何か。その主だったものをこう考えています。

一　鉄道建設

二　馬車の活躍

・長白《ちょうはく》山系の膨大な森林ストック
・モンゴルの馬のストック
・満洲と華北のコミュニケーションの違い

三　県城《けんじょう》経済
・県流通券
・廟《びょう》

四　大豆の国際貿易

五　中国本土からの大量の移民

六　日露の帝国主義的投資

七　強力な張作霖政権

この章では特に繋《つな》がりの見えやすい一〜三を主に取り上げ、そのほかについては次章以降で折にふれて考えていきたいと思います。

満鉄をめぐる張政権との攻防

まずは当時の交通、物流の大動脈であり、社会に与える影響が今のそれとは比べ物にならなかった「鉄道」を見てみましょう。

年かさの方なら甘いノスタルジーを感じる言葉、「満鉄」。南満洲鉄道株式会社は、すでにお話ししたような経緯で日露戦争後の一九〇六年に設立された半官半民の特殊会社です。鉄道経営に加えて炭鉱開発（撫順《ぶじゅん》炭鉱など）や製鉄業（鞍山《あんざん》製鉄所）、港湾や電力供給、農林牧畜、ホテル経営などにも幅広く事業展開し、「満鉄財閥」などと呼ばれていました。初代総裁は後藤新平《ごとうしんぺい》。前職は日清戦争後、日本に割譲され日本領となっていた台湾の総督府の民政長官。つまり植民地経営の専門家です。設立当初の満鉄は、鉄道会社のフリをした植民地経営機関だった、とも言えます。

満洲経営の中軸として、日本は長春—大連間の南満洲鉄道本線のほかにも、枝葉となる支線を徐々に敷設していきます。後ほど詳細に見ますが、大量の大豆の輸送が始まったので、もうかりだしたのです。森を切り拓《ひら》いてどんどん鉄道を敷きます。

ロシアの東清鉄道は薪《まき》を焚《た》いて走っていましたので、常に膨大な木材を消費していました。なんとこの後、一九三二年の時点でさえ燃料の約半数を薪に頼っていたのです。

レールに敷いたものすごい数の枕木とその更新用の材木も必要です。最初から、森を喰《く》い尽くしながら走るような鉄道でした（永井リサ「タイガの喪失」参照)。

清朝が一九一二年に滅亡して以降、この地域を実質的に支配したのは張作霖《ちょうさくりん》です。この時期の中国は四分五裂して、各地に「軍閥」と呼ばれる地方政権が成立していました。中国本土では、いわゆるインテリ層の支配が継続し、軍閥の指導層も科挙に合格したような人が多かったのです。

しかし、満洲で指導者となったのは、ほとんど教育を受けておらず、「馬賊」と呼ばれるギャングの頭領であった張作霖でした。それは満洲が、剝き出しの暴力がモノを言う西部劇の舞台のような空間だったからだと私は思います。

日露戦争以降の混乱期に、類《たぐい》まれな度胸と頭脳とで、急速にのし上がり、一九一六年に奉天省の権力を握ると、一九一九年には吉林《きつりん》省・黒竜江省をも手中に収め、この一帯の指導者となったのです。そして、北京の政権奪取に乗り出し幾多の戦争の果てに、一九二七年には北京で「大元帥」に就任し中華民国の指導者となりました。

しかし一九二八年に中国国民党が勢力を増して「北伐」を開始すると、張作霖は北京を離脱して根拠地の奉天に戻ろうとしました。

ところがその張作霖の乗る列車を、関東軍が謀略によって爆破し、彼を暗殺したのです。

この不祥事によって日本では時の田中義《たなかぎ》一《いち》内閣が瓦解《がかい》しました。
この危機に際して張作霖の奉天政権を継承したのが、息子の張学良《がくりょう》です。

彼はのちに関東軍によって満洲を追われ、蔣介石《しょうかいせき》率いる国民党に身を寄せます。しかし一九三六年、その蔣介石を拉致《らち》監禁して諫言《かんげん》、毛沢東《もうたくとう》ら率いる共産党と協力して日本と戦うよう導きます。この一件を「西安《せいあん》事件」と言い、これをきっかけに「第二次国共合作《こっきょうがっさく》」が成立します。蔣介石から見れば反乱であり、事件後に張学良は逮捕され、五〇年も経った戦後一九九一年に彼がハワイに移住するまで軟禁されました。一方、共産党つまり中華人民共和国から見れば共産革命の立役者であり、二〇〇一年に亡くなったときには江沢民《こうたくみん》国家主席が「偉大な愛国者」と讃《たた》えています。

奉天政権は、日本の保有する満鉄に対抗して、満鉄の東西に併行するような路線（満鉄併行線）を敷設していきます。加えて、大連に代わりうる貿易港として葫蘆島《ころとう》に港を造ったりもしました。

ちなみに太平洋戦争末期、ソ連（一九一七年

張作霖。1875－1928。類まれな指導力で広大な地域を統治したが、関東軍の謀略で爆殺された

ロシア革命が起き、ロシアはソビエト連邦になっていました）が侵攻して大連・旅順を占領したために港が使えなくなり、満洲に取り残された日本人の相当数がこの葫蘆島から引き揚げました。日本軍が目の敵にした奉天軍閥政権が作った港のおかげで、多くの人が助かったのです。

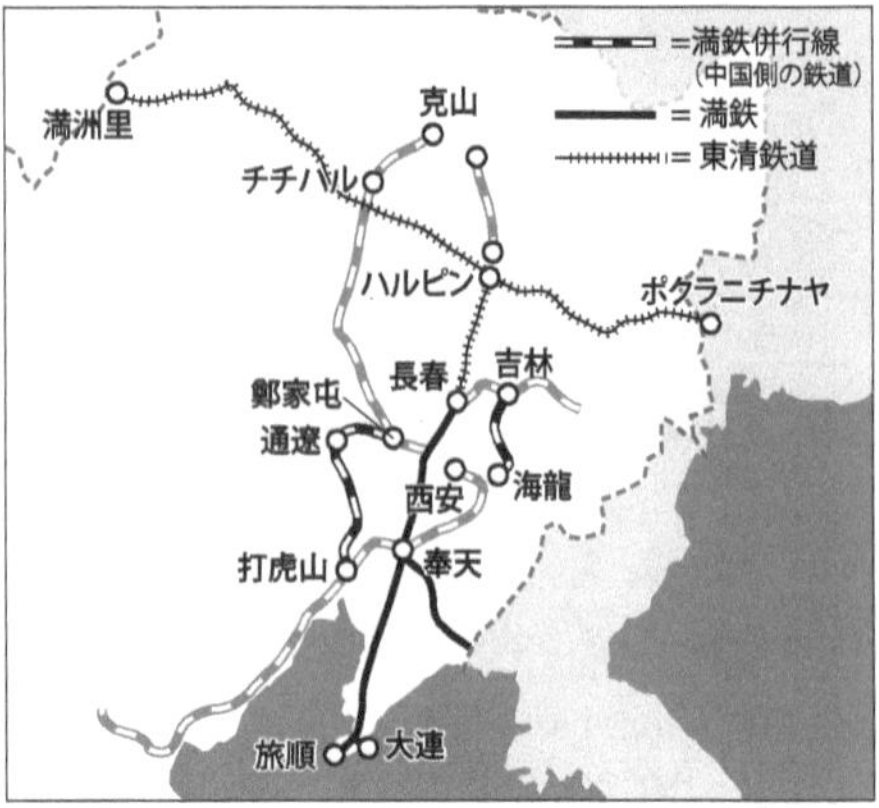

張学良が敷設した満鉄併行線。特に打通線（打虎山～通遼）と吉海線（吉林～海龍）が問題とされた（満鉄会『満鉄四十年史』〈吉川弘文館〉、太平洋戦争研究会『図説満州帝国』〈河出書房新社〉などをもとに作成）

関東軍に牛耳られて路線を拡大

さて、こうした状況のなか一九三一年、満鉄は創業以来初めての赤字を出します。これは二九年のニューヨーク株式市場大暴落に端を発する世界大恐慌が原因です。

しかしこれを日本は「満鉄併行線のせいだ」と奉天政権への言いがかりの材料にします。ですが満鉄と併行線各線を比較すると、輸送能力で競争相手になるレベルではありません。満鉄を東海道線とするなら併行線は飯田線ぐらい、それほど違います。ともかくいろいろと難癖を付けては世論を煽《あお》り、「非道なる張軍閥、討つべし」という気分を盛り上げていきます。こういう連中の手口は、いつの時代も変わらないのです。

そしてついに三一年、鉄道爆破事件（柳条湖事件）をでっち上げ、それを契機に関東軍が満洲全土を占領します。満洲事変です。この結果、満洲国が設立されました。ここの経緯についてはまたのちほど詳しく見ます。

そのあと満鉄は恐ろしい勢いでさらなる鉄道建設に驀進《ばくしん》しました。

次頁の図をご覧ください。特に満洲国が成立した三二年からの路線図がたいへん複雑になったのが見て取れると思います。

これらの多数の路線は、ほとんどが関東軍の要請によって敷設されたものでした。関東軍は、設立当初は兵力一万人ほどと小規模でしたが、満洲事変、三七年から始まる日中戦争、三九年のノモンハン事件を始めとするソ連との国境紛争などを経て続々と増強され、四一年には一時的にではありますが七四万人を擁する大軍となっていました。

ですからこの時期に敷かれた多数の支線は基本的には対ソ連戦用の軍事目的です。何かあったときにこれで関東軍をどこにでもすぐに派遣しようというのです。あるいは当時「匪賊《ひぞく》」と呼んでいた、日本の支配に抵抗する中国人組織（抗日ゲリラ）の反乱がたびたび起きていたので、そういうときにも関東軍を素早く派遣していました。

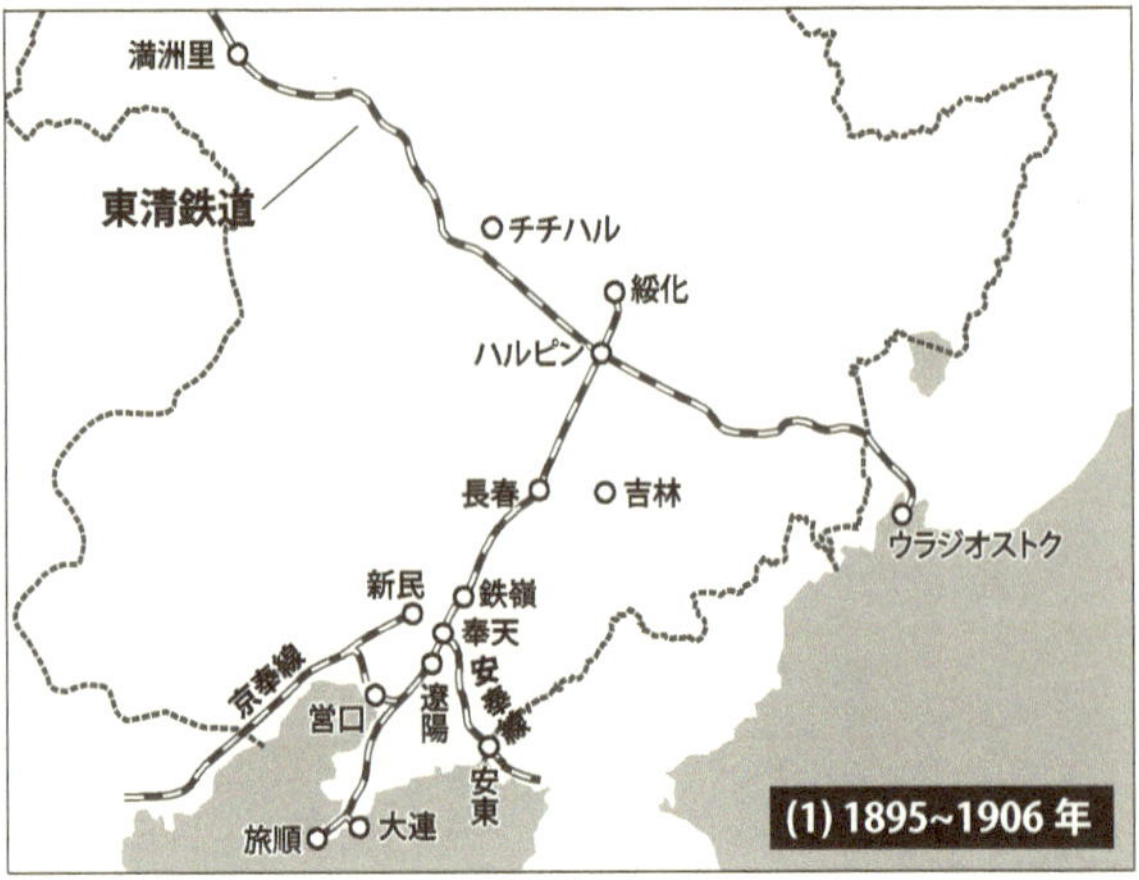

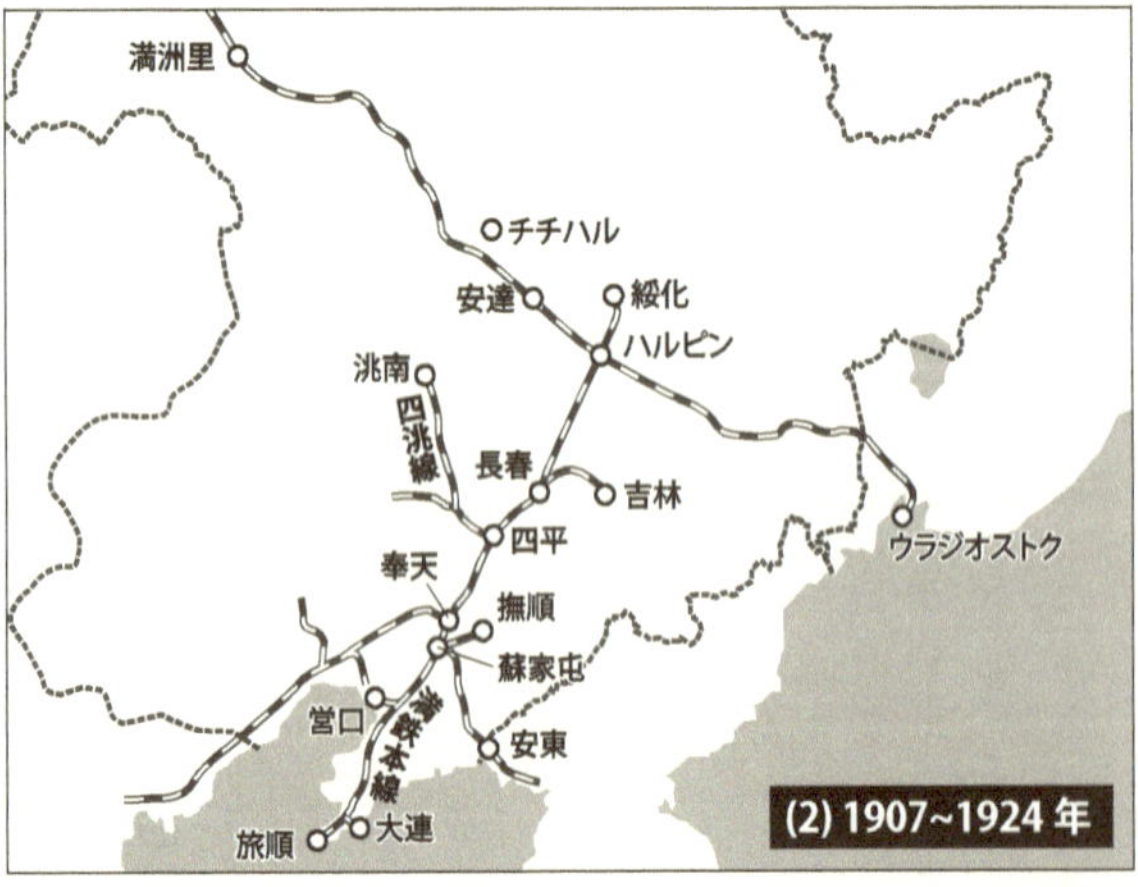

は満洲国中にはりめぐらされていた(東清鉄道は1935年に満洲国が買収)。
人・集落」)

1931年の満洲事変を境に、拡大路線に転じた満鉄。1945年の敗戦時に
なお、路線は建設済で未開通のものを含む（兼橋正人・安冨歩「鉄道・

1941年の人口分布。本線とそれ以外の箇所の差が大きいのがわかる（兼橋・安冨「鉄道・人・集落」）

そのために非常に緻密《ちみつ》な路線網を築かせました。中国本土の華北と比べると、鉄道密度で一〇倍ほどになります。当然、ほとんどの路線が大赤字です。

上の人口分布図を見てください。満鉄本線と呼ばれるハルピン～大連間の周りにだけ人が住んでいて、あとはガラガラなのがわかると思います。

本線だけが黒字であとは膨大な赤字路線を抱えてヒーヒー言っている、というのが満洲国建国以降の満鉄の実態でした。

これらは満洲国の国有鉄道でした。本来、国（満洲国）が運営・管理すべきなのですが、満洲国は急にでっち上げられた国家ですので人材・資金・ノウハウがありません。ですから経営はすべて一企業である満鉄に委託されていました。満鉄が自分で敷設し、満洲国政府に納入し、営業を委託される、そういう契約です。結局、赤字もすべて満鉄が被《かぶ》っていました。

それまでの満鉄は満洲の大豆輸送の大宗を握っていたため、とてつもなく高い利益率（＝搾取率）を誇る超優良（＝悪徳）企業でした。植民地経営会社という設立意図からも明らかなように、行政にも携わり、多国籍、多部門を束ねる強力な機関でした。

ところが満洲国ができて以降、この鉄道の敷設と経営に忙殺され、また関東軍が発言力を強めて満鉄の影響力を削《そ》いでいきます。重工業部門や附属地行政などを切り離され、ただの鉄道会社になっていきます。

満洲国成立以降の路線拡大には莫大なお金が掛かりました。それは日本の株式市場と社債市場で、膨大な額の満鉄株・満鉄債を発行して調達しました。日本の株式市場全体の一割から二割を占めるような巨額です。天皇家も満鉄の株を持っていたほどです。ただでさえ資本不足・資材不足で悩んでいた戦時期の日本にとって、満洲での鉄道敷設は、大変な重荷であり、その上、経済的意味はほとんどありませんでした。

ですから、満鉄にとってみれば満洲事変など起きない方がよかったのです。

事変以降、最終的にアジア太平洋戦争に敗れた日本は、虚《むな》しくこの膨大な鉄道路線をそのまま放置して撤退します。もちろん南満洲鉄道株式会社も消滅しました。国策会社の宿命と言ってしまえばそれまでですが、なんとも栄枯盛衰の著しい二九年間です。

ともあれこのようにして、満鉄網とでもいうべき鉄道ネットワークが満洲中に張り巡らされました（兼橋正人・安富歩「鉄道・人・集落」参照）。

厳冬の大地を馬車が行く

さて次は、満洲の重要な交通機関にして生活の風景でもある、馬車についてです。

まずはこの写真を見てください。

これは馬場八潮《ばばやしお》さんという方の撮った写真で、一九三四年の『満洲グラフ』に掲載されています。関東軍が満洲国内の抗日ゲリラを討伐している時期です。ゲリラを追い払いますと、そこへ宣撫《せんぶ》隊といういわば日本の宣伝部隊が行きます。食料や薬品などを持ち込んで、地元住民を説得したり、懐柔したりします。これはその宣撫隊の写真です。日の丸と、あと二本の旗がはためいています。

この写真、人も馬も相当左に傾いています。なぜかといいますと、左から猛烈な吹雪が吹き、それに抗っているのです。気温はおそらく零下二〇度。

私はこの写真を見て、

「なぜこんな季節にこんな苦労をして！」

とたいへん驚きました。

しかしよく調べてみますと、実は満洲では冬のほうが移動しやすいのです。路面がカチ

馬場八潮「曠野を行く」（『満洲グラフ』第２巻第６号）

カチに凍るので、馬車が飛ぶように走ります。夏はむしろ道という道がドロドロの泥濘《でいねい》になり、冬の半分も動けなくなるそうです。しかもそんな気温ですから物という物がすべてカチコチに凍って、輸送中に腐敗の心配もない。空気もカラカラに乾燥しているので、綿入れを着れば寒さもなんとかなる。

いいことづくめです。

満洲の人々は非常にうまく馬と馬車を操りました。中には八頭立て、つまり馬が八頭で引く巨大な馬車もあり、さらには馬とロバとが混ざっているものもよくありました。これを鞭《むち》一本で思うがままに動かすのです。馬車そのものが一トンもあるような頑丈な物で、その上に何トンもの荷物を載せて運んでいました。

今「満洲の人々」と言いましたが、先述のように当時の満洲には満洲人（満洲族・清帝国を作った人々）と漢人（漢民族・中国本土から移住した人々）がいました。満洲国時代には、両者をあわせて「満人」と呼んでいたのでややこしくなります。くわえて朝鮮人と日本人もいます。朝鮮人も、元々このあたりに住んでいた人々もいれば（清朝の旗人になった人々もいます）、近代になって朝鮮半島から移住してきた人もおり、日本人も政・財・官の中枢に送り込まれたエリートもいれば、開拓団の農民もいました。そのようなモザイク状態なのです。


さて、満洲は馬車だらけでしたが、実は中国本土には馬車などほとんどありませんでした。理由は簡単です。馬と、馬車の材料に適するような頑丈な材木がなかったからです。

では満洲ではその二つはどこから来たのでしょう。

まず馬は蒙古《もうこ》、つまりモンゴルからやってきました。彼らは世界史に燦然《さんぜん》と輝く栄光の騎馬民族ですから、それはもう膨大な数の馬を持っていたのです。

その例を挙げましょう。日露戦争当時はまだ軍馬というものが、戦闘に偵察に運搬にと、たいへん重要な役割を果たしていました。驚かれるかもしれませんが、第一次世界大戦が始まったときには、各国軍の花形は騎兵隊でした。それが四年後には戦車同士、飛行機同士が戦うようになったのです。第二次世界大戦でも馬は運搬のために活用されていて、馬が軍隊から完全に姿を消すのは、二〇世紀後半のことです。

日露戦争は、騎兵つまり馬に乗った兵隊という兵種が活躍した最後の戦争です。文芸作品などで、秋山好古《あきやまよしふる》率いる日本の騎兵隊とミシチェンコ率いるコサック騎兵隊とが繰り広げる死闘に、しびれた方もおられましょう。しかしそれでも、機関銃の前では騎兵はひとたまりもないことがこの戦争で証明されました。

そのため、日本もロシアも本国からたくさんの馬を連れて行きました。ところが満洲の自然環境はたいへん寒く厳しく、そして後ほど詳述しますが日露戦争は「プレ総力戦」とでも表現すべき激しい消耗戦だったので、バタバタと馬が死にます。これはいかん、ということで日本もロシアも、現地で馬を大量に買いました。

ところが、両国の軍隊が一年にわたってものすごい量の馬を買っても、馬の値段は上がりません。そのぐらい、モンゴルからいくらでもやってきたのです。

馬は自走しますので輸送費がとても安く上がります。また、騎馬民族は移動することが日常です。彼らは馬の上で眠ることさえでき、チンギス・ハーン時代のモンゴル軍は一日に一二〇キロも行軍したそうです。

一九三五年の記録では、アシュハバード（トルクメニスタン）からモスクワまで四〇〇〇キロ以上を八四日間で走り通したとあります。その間、ほとんど水のない砂漠が一〇〇〇キロ近く横たわっているのに、です（本村凌二《もとむらりょうじ》『馬の世界史』講談社現代新書、二〇〇一年）。満洲の端っこで日露両軍が馬を次々に良い値で買っていると聞けば、アジア中のモンゴル人がワーッと馬を売りにやってくる。そのぐらい、馬がいました。

余談ですが、モンゴル人といいますか遊牧民の方々は、「止まっていると気分が悪くなる」そうです。

私の知り合いの旦那《だんな》さんがモンゴル人で、彼は「ちょっと考えごとがしたいから」と言って馬に乗って出て行ってしまうそうです。地面に止まっているとものが考えられないというのです。

ですから、チンギス・ハーンのヨーロッパ遠征ですとか、フン族がゲルマン民族大移動を引き起こして西ローマ帝国滅亡の原因になったりですとか、あるいは匈奴《きょうど》や鮮卑《せんぴ》などが歴代の中国王朝を苦しめ続けたりですとか、ああいうことがなぜできたかというと、彼らはつまり馬の上でずっと生活しているからなのです。

すなわち人生＝移動。

普通に暮らしていたらいつのまにか西ヨーロッパに来ていた、うっかり中原《ちゅうげん》に侵入していた、そういった感じのようです。

私たちのような「先祖伝来の土地に一所懸命」の血が流れている農耕民族は、「移動」に対しての心構えが常に必要で、まして住居を移すとなると人生の一大イベントですが、そのあたりの意識がまったく違うようです。


次に、馬車になる材木の方です。

木材ならなんでもいいというわけにはいきません。馬車の素材になるのは頑丈な、堅くて重い広葉樹です。ところがもともとある大興安嶺山脈、小興安嶺《しょうこうあんれい》山脈といった大樹海の木は軟らかい針葉樹が主でした。

ではどこからかというと、朝鮮との国境に長白山森林というのがあります。ここに、針葉樹を伐採したあとに生育した二次林の広葉樹があったのです。ここの木が非常に馬車向きだったので、これが使われました。

この堅くて重い広葉樹というのは水に沈むので、筏《いかだ》に組んで水運で運ぶことが難しく、以前はなかなか利用されませんでした。

しかしここで登場するのが鉄道です。

鉄道で馬車の生産拠点の街（満鉄沿線、奉天南部の遼陽《りょうよう》・海城《かいじょう》など）までこの堅い材木を運び、そこで車軸など主要部品に加工し、それを各地にまた鉄道で輸送し、馬を繋いで荷台を組み立てて完成するというわけです。

つまり、鉄道によって馬車システムが成立したのです。そして、馬車システムが成立すると今度は「鉄道まで簡単に物を運べる」ようになり、また馬車の部材を鉄道が運びました。もちろん馬車は部材だけではなく、大豆など農作物を鉄道にどんどん運び、鉄道はまたそれを各地に運びました。

鉄道が馬車を生み、馬車が鉄道に繁栄をもたらす――「プロローグ」で記したポジティブ・フィードバック・ループが完成し、廻り始めたのです（永井リサ・安冨歩「凍土を駆ける馬車」参照）。

馬車のおかげで満鉄の収支が回復

実はこの循環が始まる前、日露戦争に勝って満鉄を手に入れた日本政府は、これをアメリカ人に売り飛ばすつもりでした。なぜならその当時、一九〇五年ごろには満洲には何も運ぶ物がなかったのです。必然的にこんな鉄道がもうかるわけがない、と思っていました。

英語に〝goes from nowhere to nowhere, via nowhere〟という言い回しがあります。

どこからも来ず、どこも通らず、どこへも行かない。だれを、何をのせるかさっぱりわからないところを通る鉄道を揶揄《やゆ》する言葉です。どこの国でも鉄道というものは国策や利権によって需要と関係なく「我田引鉄」されるもののようです。そのころの満鉄はそういう鉄道でした。

しかしここにポーツマス条約全権大使・小村寿太郎《こむらじゅたろう》外務大臣が帰ってきて「とんでもない、売るのをやめろ」と止めました。アメリカの鉄道王ハリマンとすでに仮契約までしていたのですが、それを破棄して売却を中止しました。

そしてしばらくすると、先ほどの馬車システムが成立したことによって、馬車で農作物を鉄道の駅まで運んでくることが可能になったのです。馬車と鉄道の好循環が起きるようになって、ちょっと豊かな農民はこぞって馬車を持ち、それを使って非常に広範囲から鉄道の駅まで農作物を運ぶようになりました。

これで満鉄は猛烈にもうかりだしたのです。小村が売却を阻止したのは、莫大な犠牲を払った日露戦争の成果だからとも、あるいはハリマンの後ろにいたアメリカ資本の中国進出を警戒したからとも言われますが、案外直感的にこの鉄道に将来性を感じていたのかもしれません。しかし、このときハリマンに売っておけば満洲事変もなく、日米戦争はなかったかもと思うと残念でなりません。

一輪車に帆を付け、風の力を利用して一日に何十キロも進む
（『山東省動乱記念写真帖』青島新報）

そのころ、中国の華北の方では写真のような感じでした。

「帆掛け一輪車」とでも申しましょうか。これに荷物を載せて、お父さんも乗せて、帆に風を受けて、お母さんがゴロゴロ押していく。こういう輸送システムです。これで大量の農作物を遠く離れた鉄道の駅まで持って行くのは難しいですね。

つまりコミュニケーションのパターンが、満洲と華北ではまったく違っていたのです。次はこの違いを、詳しく見たいと思います。

一極集中の特異な経済

石田《いしだ》興平《こうへい》というとても立派な経済学者

がいました。

もともとは満洲建国大学（首都新京《しんきょう》〈現在の長春〉にあった満洲国の国立大学。一九三八年開学）の助教授で、金融理論の専門家です。そんな縁で満洲国政府から「満洲の金融問題を研究するように」と頼まれました。最初はイヤイヤやっていたようですが途中からだんだん夢中になり、膨大な量の資料を収集されました。

一九四三年に彦根《ひこね》高商（現在の滋賀大学経済学部）に教授として移りましたが、敗戦で依頼元の満洲国がなくなったあとも研究を続けられ、ついに一九六四年、『満洲における植民地経済の史的展開』という素晴らしい本を書き上げられました。この本は出た当時は研究者たちから無視され、石田先生はたいへんがっかりされたそうですが、今、古書で買うと五万円ぐらいします。古本屋さんは同時代の学者より、書物の価値をよく理解しておられるのです（滋賀大学のウェブを開くと石田記念文庫の検索ができるようになっています）。

石田先生はここで、「県城経済」という経済の形を指摘しました。県城というのはその地域の中心都市のことです。日本とは逆で市の下に県がありますので、市役所のある大きな街、ぐらいをイメージしてください。

中国の都市は基本的に城壁で囲まれていましたので「県城」と呼ばれます。その県城にすべての経済活動が集中している。農民は直接、県城に大豆を運んできて、そこで売却して、日用品を買って帰っていく。こういう経済が満洲で成立している、というのです。

実は、中国本土と満洲とでは、経済の姿がまったく違っているのです。こちらはアメリカの偉大な地理学者・人類学者・歴史学者G.W.スキナーが、第二次世界大戦直後に四川《しせん》省で行ったフィールドワークに基づいて提唱した「定期市ネットワーク」です。

農村に定期市がくまなくあって、そのサイズも小さなものから大きなものまで三段階ぐらいある。定期市は近隣の定期市と開催日が重ならないように工夫されており、商人たちは複数の定期市を巡回することで売買を行う。農村からやってくる農民を相手にする基層の定期市の上に、定期市の商人たちが拠点にする定期市町の定期市があり、さらにその上に県城の定期市がある……という複雑なネットワークです。

この形は中国本土に関しては昔から指摘されていて、今でもある程度続いています。ところがその定期市が満洲では非常に少ないのです。代わりにこの県城経済がある。となると県城、そしてそこにある鉄道駅に経済活動が一極集中する。有力な商人は村をぐるぐる巡回したりせず、みんな県城に住んでいる。そういう構造になっています。

私は両者の研究を元に詳しく調査しました。定期市のある県は京奉《けいほう》線沿線と朝鮮国境付

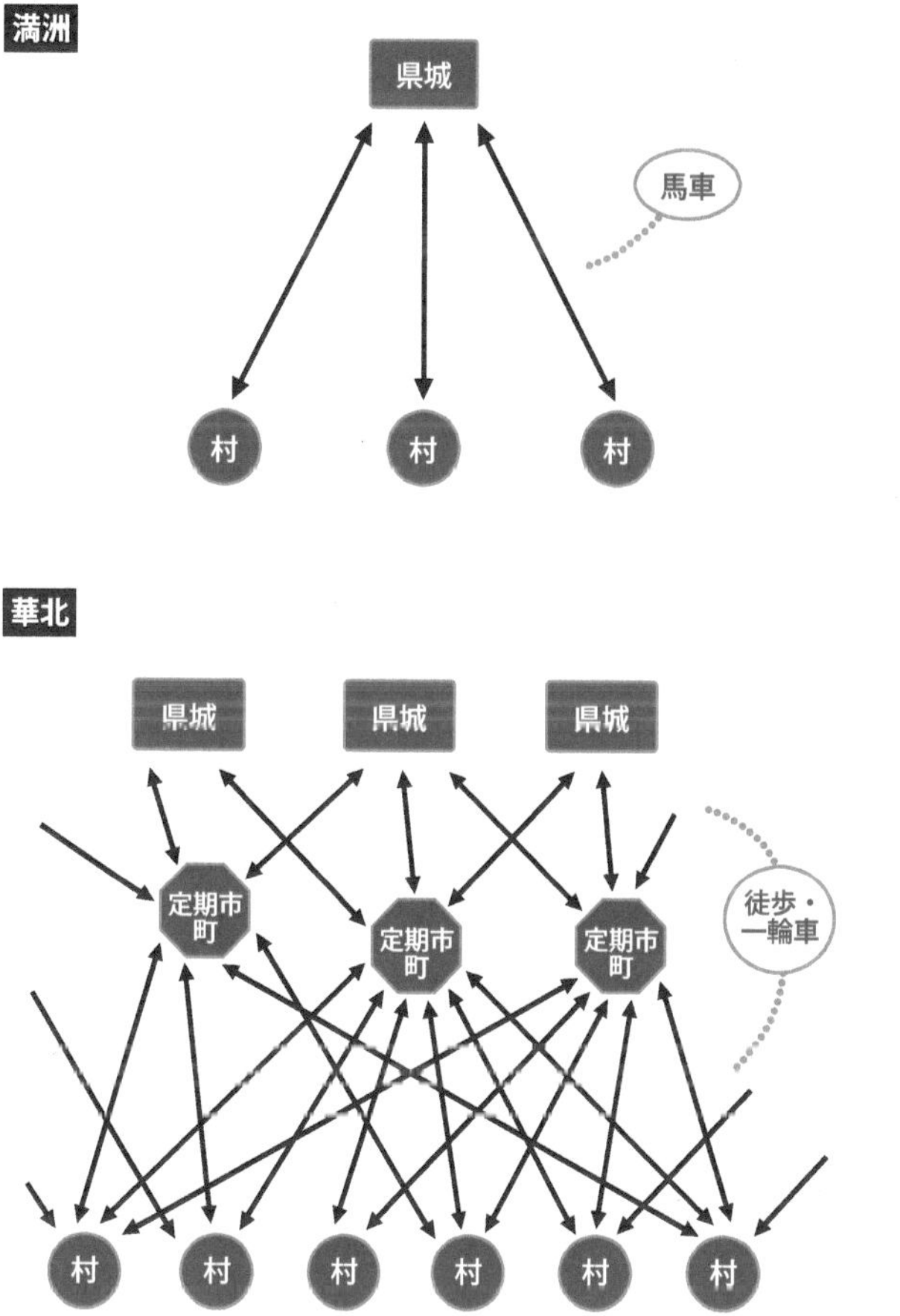

満洲（上）と華北（下）の相違点。満洲は県城と個々の村とが直接に接続されている。一方の華北は、県城と村とが定期市町を介した間接的な関係である

近。県城にのみ定期市があるのは満鉄幹線鉄道沿線です。北満《ほくまん》には定期市はほとんどありません。

つまり満洲では県城と村が直接馬車で接続されているというシンプルな形です。

これに対して華北では、県城があって、定期市町があって、定期市の開かれる村々があり、普通の村がある。それぞれの村は複数の定期市町と繋がり、定期市町も複数の県城と繋がっている、ここの移動は徒歩か一輪車、こういう構造になっています。

この経済活動、コミュニケーション・パターンの違いが、満洲の中国人社会と、華北の中国人社会との違いを生みました。

地続きで、同じ中国人が主体でも、華北と満洲にはこれだけの「違い」がありました。そしてこの「違い」こそが、日本の運命に大きな影響を及ぼした、と私は考えています。

すこし話が横道にそれますが、今も中国人は知り合い同士の緊密なネットワークの中で生きています。日本人には、彼らを「嘘をつく、約束を守らない」と非難する人もいれば、「義理堅い、とても親切だ」と褒める人もいます。その差はここに起因します。

ネットワーク外の人については非常に適当な扱いです。そういう相手には嘘をつこうがだまそうが、構わないのです。

しかし一度ネットワークの中に入り込んでしまえば、たとえばだれかに紹介してもらえば、そこからは必ず約束は守ってくれます。「知り合いの知り合い」というだけで、日本人では考えられないほど親切にしてくれたりもします。

なぜなら、彼ら自身がそこで嘘をついたり騙《だま》したりしてネットワークから弾《はじ》き出されてしまうと、文字どおり「生きていけない」からなのです。

私は毎年、陝西《せんせい》省にある楊家溝《ようかこう》という村にフィールドワークに行きます。そこのいつも泊めてもらっているお宅でくつろいでいましたら、共同研究者の許《もと》に留学している中国人学生のお父さん、数百キロも離れた街の偉い方なのですが、彼から車が差し向けられてビールと飲料水がケースでドカッと差し入れられたのです。もちろん彼にこちらから連絡したわけではありません。息子が世話になっている日本の先生が来ておられると息子から聞き、あわてて我々の村の近くの町にいる知りあいに頼んで、若い衆を走らせたわけです。

こんなことが日常茶飯事です。日本のその関係の距離ではなかなか見られない行為です。

あるいは中国人の留学生でも、「友人のお父さんのお誕生日祝い」を贈ると言います。それも結構な額の洋酒や葉巻を贈るそうです。若い人では給料の七割ぐらいをこうした「人のネットワークの維持管理」に使うとも言います。

ですから中国人と付き合うときには、友だちに友だちを紹介してもらう、というように関係の連鎖を手繰っていくのが一番です。そうするとスルスルと、日本以上に物事が流れるように進むのです。もちろんそのためには、こちらも人間関係に投資する気概を持たねばならないのですが。

こういうネットワークの中では、たとえばゲリラがいても自分に関わる人ならば関係者で全力を挙げて匿《かくま》ったりもしたでしょう。

逆にこういうネットワークのない村落にゲリラが逃げ込んでも、だれからも援助を受けられません。面倒は嫌だと忌避されるのは良い方で、賞金目当てにとっ捕まって官憲に突き出されることもあったでしょう。

好事魔多し、関東軍

華北と満洲のコミュニケーション・パターンの違いが日本の運命に与えた影響を以下で考えましょう。まず満洲事変と日中戦争の成り行きの違いを見てみましょう。

満洲事変は一九三一年九月一八日、柳条湖《りゅうじょうこ》事件から始まりました。これは関東軍が軍事行動の口実のためにでっち上げた鉄道爆破事件です。関東軍の参謀、石原莞爾《かんじ》が計画しました。そこからおよそ五ヶ月の間に満洲全土を占領し、三二年三月一日には満洲国建国を宣言。その後もゲリラの抵抗はあったものの、五、六年ほどでほぼ制圧しました。

日本軍はまず鉄道、そして県城を押さえました。すると各県城に中国人が「治安維持会」というのを作ります。これを統合することで満洲国という行政組織が成立しました。

先ほどの満洲の経済活動を思い出してください。ここでは大動脈である鉄道と、それで結ばれた県城、ここを押さえられてしまうと、村々の農民たちはどうしようもないのです。大豆を県城に売りに行かないと現金が手に入らない。売りに行く、そこに日本軍がいる。そうなったらもう言うことを聞くしかない。

こうして統治することができました。

次に日中戦争です。

一九三七年七月七日、盧溝橋《ろこうきょう》事件が起きます。これは北京（北平《ペイピン》）西南方向の盧溝橋で起きた、日本軍と中国国民革命軍第二十九軍との衝突事件です。柳条湖事件と違って日本軍の謀略という証拠はありません。日本軍は中国軍から発砲してきたと言い、中国側は逆の主張をしています。また共産系の学生を使って何者かがやらせたものだという説も根強くあります。真相はわかりません。

しかしともかく日本軍はこの事件を利用して、勝手に戦火を拡大していきました。華北へと大挙なだれ込んだのです。

満洲と同じ調子で鉄道と県城を押さえます。

ところが先ほどの図を見ておわかりのように、村の人はある県城が占領されてしまっても、別に困らないのです。そこにコンタクトをとっていた定期市町は、別の県城にコンタクトをとればいいわけです。日本軍がそこも占領する、じゃ次はこっち。県城を全部占領されたら、定期市町のどれかがその代わりをする……といつまでたっても「コミュニケーションの結節点を握る」ということができません。

ゲリラたちも、あっちの県城が占領されたらこっちの県城に逃げる。そこが占領されたら村々に逃げこむ……と後背地にどんどん根拠地ができてしまう。いつまでたっても安定しません。地域を面で押さえることができずに、点と線を押さえていただけなのです。


参考までにこの二つの地域の衛星写真をご覧いただきましょう。北満と華北(山東《さんとう》)です。最近の写真ですので、時期的にはずいぶんあとになりますが、構造は同じです。

北満の方は大きな点、これが県城です。あとの小さな点は村。この二層構造しかありません。しかし山東では大きな塊(県城)、小さなまとまり(定期市町)、そして小さな点(村)と三層構造になっています。ですからこの大きな県城を日本軍が押さえても、ゲリラは定期市町に、そして村に逃げこんでそこを根拠にできるのです。
これを見ただけで、「山東で抗日ゲリラを掃討する」戦いを想像すると頭痛がします。
「好事魔多し」と言います。
満洲事変は軍事的にも政治的にもうまく行き過ぎました。これで「なんだ、簡単じゃな

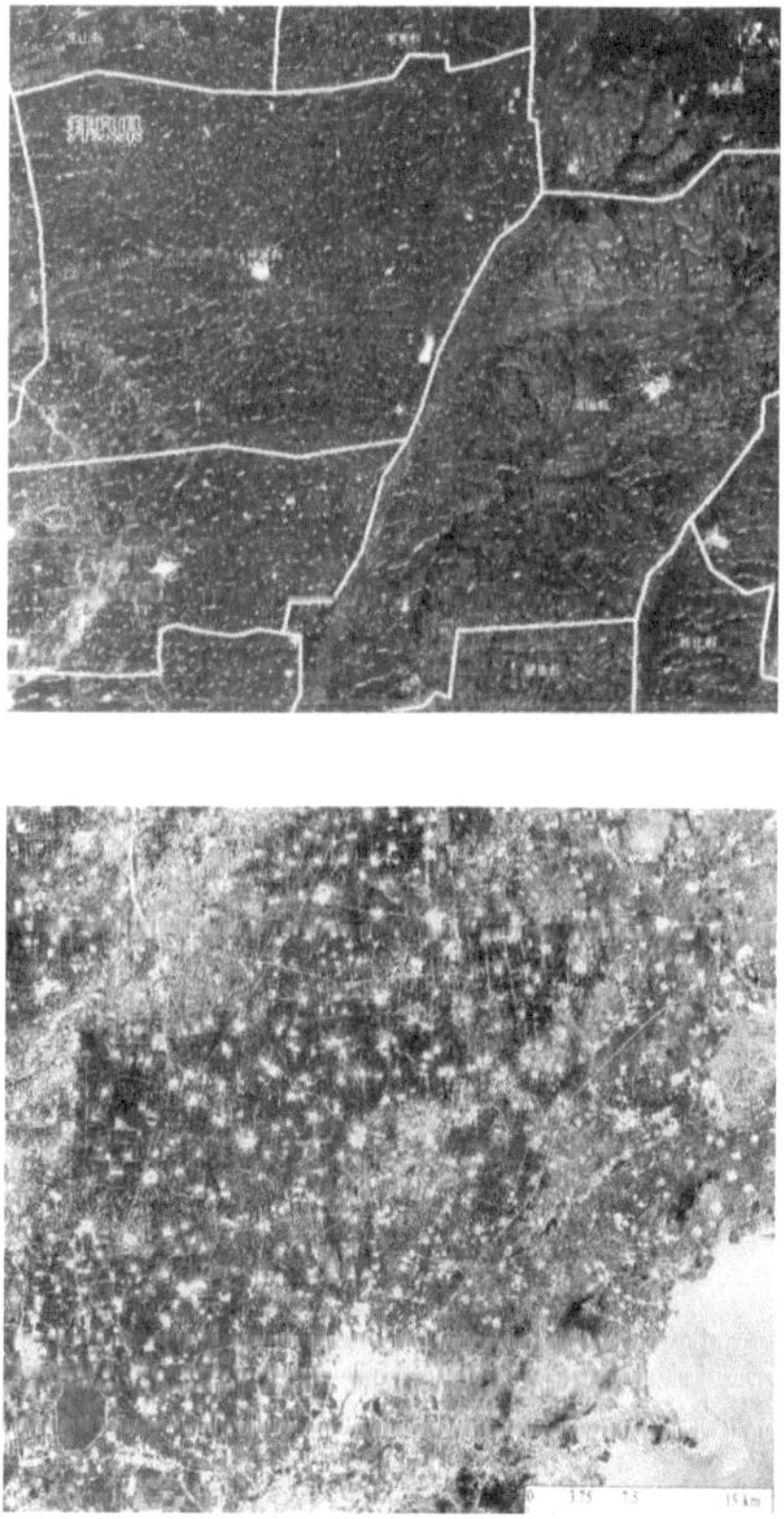

北満(北安省ETM＋[2001/08/11])(上)と、華北(山東省ETM＋[2000/09/16])(下)の衛星写真の比較。北満が中央やや左寄りの県城を中心としているのに対し、華北はさまざまな規模の集落が分布している（兼橋正人・安冨歩「鉄道・人・集落」）

いか」と日本、特に陸軍が思い上がってしまったのではないでしょうか。そして華北に勇躍足を突っ込んでみれば、そこは泥沼でした。満洲とまったく違う社会のあり方に、いつまでたっても支配、統治が確立しません。

腰まで浸《つ》かってもがいているうちに国際世論は非難を浴びせる、アメリカは制裁措置として石油・鉄などの禁輸措置を取る、油がないと生きていけない、仏印進駐、太平洋戦争、そして滅亡――。

極端な言い方かもしれませんが、満洲と華北との違いを理解できていなかったことが、日本の命運を決めたとも言えます。

ただしこれは私の仮説です。日本軍と中国側ゲリラとの戦いが具体的にどのように進展したのか研究ができていないので、証明した、とは言えないのです。若い研究者に検討をお願いしたいと思います。

ところで昨今、大学・高等教育のあり方について「実学を中心に」などと叫ばれていますが、果たして実学とはなんでしょうか。

私がここで論じたようなことは、いわゆる「実学」とはかけ離れています。しかし石田先生の満洲経済の研究と、中国本土の定期市についてのスキナーの研究を元に、私が作成

した先ほどの図を見せて、

「満洲と華北はコミュニケーション・パターンがまったく違うので、慎重にいかねばならない」

と諭していたら、当時の陸軍中枢ももうすこしマシな心構えで事に当たったのではないでしょうか。そうすればある程度のところで講和できたかもしれず、国が滅ぶということはなかったかもしれません。もちろんすべては後知恵ですが、同じようなことを現代社会でも考えないといけないのです。

それをこそ実学というのではないでしょうか。

補給線軽視と戦略爆撃

次の図を見てください。一九四〇年ごろの日本の支配地域です。

これを見ますと「なんだもうそんなに支配してるのか、日本が勝ちそうだな！」という気分になりますが、今述べましたようにこの図はまったくの嘘、虫食いだらけなのです。

しかも広大な中国の奥深くまで攻め入ってますから、兵站線（戦火の前線に物品を輸送するための交通路）が延びきって補給もままなりません。現に相手の抵抗が比較的弱いのをいいことに、多くの戦線はほとんど停滞したままでした。

1940年ごろの日本の支配地域（斜線部）（UNITED STATES MILITARY ACADEMY〈www.usma.edu〉より作成）

太平洋戦争における日本の兵《へい》站《たん》（補給）軽視はインパール作戦やガダルカナル島の戦いなど多くの悲劇を生みます。日露戦争当時、満洲に渡った陸軍の補給線を守るため、連合艦隊がロシア・バルチック艦隊と一世一代の大勝負を繰り広げたことを考えますと、たった四〇年でまるで別の国・別の人種になったようです。このころ、中国の国民党軍は遠く重慶《じゅうけい》まで逃げていました。これを潰《つぶ》そうとして、日本軍はおそらく世界初の戦略爆撃を行います。三八年一二月のことです。

戦略爆撃とは敵国の都市や工場を爆撃し、戦争継続の意志そのものを破壊しようとするものです。これは敵軍の兵力・軍備を叩《たた》いて戦力を破壊しようとする爆撃とは本質的に異なっています。「史上初の無差別空爆」として有名なスペイン・ゲルニカの爆撃は三七年四月なのですが、街一つを見せしめのために潰したに過ぎません。首都を戦争終結のために集中爆撃する「戦略爆撃」は重慶が初ではないか、と考えます。

ちなみにもう少し遡《さかのぼ》って三一年一〇月、満洲事変を引き起こした張本人である関東軍参謀石原莞爾が錦州《きんしゅう》に逃げた張学良軍を爆撃するのですが（錦州爆撃）、張学良政権は地方軍閥とはいえ小国家の性格もありますから、あるいはこれが戦略爆撃の最初と言えるかもしれません（前田哲男『戦略爆撃の思想』凱風社、二〇〇六年）。

ともあれこの戦略爆撃の手法が、のちにロンドン爆撃、報復としてのベルリン空襲、そして東京大空襲、原子爆弾投下へと発展していきます。

ところが実はこの重慶爆撃はまったく効いていなかったのです。

陸軍に遠藤三郎《えんどうさぶろう》というたいへん優秀な軍略家がいました。彼が参謀としてこの作戦の担当になりました。彼は普通の腰抜け参謀とは違い、爆弾を落としに行く爆撃機に便乗して視察したのです。そして何回か行くうちに、

「これは効果がないから止めましょう」

という報告書を書きました。

なぜなら、いくら爆弾を落としても重慶の街がどんどん拡大している、こんなやり方では戦争を終わらせることはできない、と。実際、四一年には重慶爆撃は打ち切られます。

現在では爆撃といえば、巡航ミサイルやステルス機によるピンポイント爆撃で、通信施

設や航空管制施設など重要拠点を叩く形になっていますが、当時のこの絨毯《じゅうたん》爆撃型戦略爆撃は果たして効果があったのか、今も議論があります。賛成派は物理的損害に加えて心理面でも「戦意を挫《くじ》いた」と主張するのですが、むしろ民間人が殺されて「戦意が沸く」効果も大きいでしょう。

当時の中国にも己の敵愾心《てきがいしん》を掻《か》き立てて粘り強く奮闘する人々が多数いました。国民党軍そして共産党軍。彼らは正規軍同士の戦いでは日本軍に敵《かな》わないと知ってからは、県城の背後の農村部に根拠地を形成し、日本軍の補給路や通信網、あるいは移動中の小部隊を狙い、執拗《しつよう》なゲリラ戦を展開しました。

かくて日本はゲリラ戦に呑《の》み込まれていったのです。

正規軍はなぜゲリラに負けるのか

ここで「ゲリラの強さ」というものについてお話ししておきたいと思います。

私たちのほとんどはゲリラ経験およびゲリラ戦経験がないので、ゲリラがいったいどういうものか、どういう強さを持つものか、身体的な感覚がありません。

ところが世界は正規軍同士がぶつかり合うのではなく、片方が正規軍でそれにゲリラ戦やテロで対抗する「非対称戦」の時代になっています。ここを理解していないと世界の動きがわかりません。年々その傾向が強くなっています。

歴史をひもときますと、実は正規軍はゲリラによく負けているのです。

「ゲリラ」という戦い方が最初に認知されたのは、ナポレオンのスペイン戦争でした。ナポレオン（念のためですがフランス人です）が兄を強引にスペインの王位につけました。これに民衆が反発して蜂起《ほうき》します。一八〇八年五月二日にマドリードで反乱が起きたので、今から二〇〇年余り前の話です。

　当時皇帝位について全欧州大陸を支配下に入れるなど絶頂にあったナポレオン。これに対抗していたイギリスは、軍隊を送り込んでスペイン民衆を応援します。ナポレオンは激怒して一一月、二〇万の大群を率いてスペインに侵攻。翌年一月ごろ、ですから約三ヶ月でイギリス軍を追い払ってしまいます。

ゴヤ「マドリード、1808年5月3日：プリンシペ・ピオの丘での銃殺」

ところがここからが泥沼でした。民衆たちが伏兵となり頑強な抵抗を繰り広げたのです。五年ばかり、一八一四年まで延々とこの戦争は続きました。そうこうするうちに全体情勢が変化し、ついにナポレオンは敗退しました。ナポレオンの（陸上での）初の敗戦で、この戦いで彼らはつまづいて坂道を転がり落ちたのです。

これがスペイン独立戦争です。

経緯が何かに似ていませんか。そう、アジア太平洋戦争にそっくりですね。柳条湖事件をでっち上げて満洲に乗り込んであっという間に制圧したはいいものの、いい気になって中国本土に侵入し、そこからが泥沼。以降、延々とズルズルダラダラやっているうちに、国力が疲弊、国際情勢の悪化を招き、経済面が混乱して別の方面での戦端を開き、最初は良かったものの、やがて惨敗を繰り返して敗退する——。

このとき、スペイン軍やスペイン人民衆の採った作戦のことを、「ゲラ（戦争）」＋「リャ（小さな）」＝小さな戦争、で「ゲリーリャ」と呼び、これがゲリラの語源だそうです。

このパターンはこれ以降、特に二〇世紀を通じて呆《あき》れるぐらい繰り返されます。主だったものを挙げてみましょう。いずれもゲリラに正規軍が敗北した例です。

・アラブ反乱（一九一六〜一八）

第一次世界大戦中、アラブ諸部族がイギリスの支援を受けオスマン帝国に対し反乱。このときアラブ軍に送り込まれたイギリス人将校トーマス・エドワード・ロレンス、通称「アラビアのロレンス」が編み出した、鉄道を狙う、通信施設を破壊する、などの戦法がこれ以降のゲリラ戦の基本になっていきます。

・毛沢東の中国共産党（一九三四～四九）

第二次国共内戦では本拠地延安《えんあん》を放棄、国民党軍を山中に誘い込んで消耗させ、外交工作によってソ連からの援助を受けアメリカの国民党への援助を減らさせ、最終的に逆転しました。もちろん日中戦争中は日本軍も共産党軍のゲリラ戦術に散々苦しめられています。

・ホーチミンのインドシナ戦争・ベトナム戦争（一九四六～七五）

「正規軍にゲリラが勝った」といえばこれでしょう。一九五一年からのディエンビエンフーの戦いでは一万を超えるフランス精鋭軍をゲリラが撃破。その後アメリカの北爆や五〇万以上の地上軍にも屈せず七六年、三〇年に及ぶ独立戦争に勝利します。

ほかにも

・第二次ボーア戦争（一八九九～一九〇二）
・ニカラグア、サンディーノ将軍によるアメリカ海兵隊の撃退（一九二七～三三）
・フランツ・ファノンの参加したアルジェリア独立戦争（一九五四～六二）
・カストロ、チェ・ゲバラのキューバ革命（一九五三～五九）
・ソ連のアフガニスタン侵攻（の失敗）
・アメリカのアフガニスタン侵攻（の失敗）
・アメリカのイラク侵攻（の失敗）

などなど、まさに枚挙にいとまがないといった感じです。最近、世界を震撼《しんかん》させている「アルカイダ」や「イスラム国」は、このような流れで生まれてきたのです。

最近の中東やアフリカでも、様々な武装組織、ゲリラに、各国の正規軍が手を焼き続けています。ゲリラ相手と侮って攻め込んだ正規軍が泥沼になって撤退する、ただそれの繰り返しです。

基本的に正規軍はゲリラに負けるのです。

その理由が、先ほどの「コミュニケーションの構造」です。

たとえば日本のような、先進国と言われる国々では、国があって、県があって、村があって、という構造がしっかりしています。ですから、国が負ければ県も村ももうお手上げで、そこで決着がつきます。満洲もそうでした。

ところが先進国でない場合、華北のようにネットワーク的に人々が生きています。ですからここで負けたらあっちへ行く、あるいは、あそこが負けても私は戦うとなり、いつまでも戦うことができるのです。

もちろん、圧倒的な兵力や兵器の差がありますから、攻め入られた側の方が被害は甚大です。たとえばイラク戦争では、イラク軍の戦死者は三万人ほどなのですが、民間人が少なくとも一〇万人以上亡くなっていると言われます。米軍は数千人。でも、肝心の戦争としての決着はいつまでたってもつきません。

人類はこの基本原理をいい加減、学ばなければなりません。

特にアメリカ。彼らはもう何度も同じ間違いを繰り返し実質的な敗北を重ねています。穿《うが》った見方や陰謀論として、

「アメリカは軍産複合体が常に戦争を欲しているから、戦争をするんだ」

などと言われますが、それはだれかを悪人に仕立ててあげてシステムとしての狂いから目を逸らす、よくない見方だと思います。

だれも求めてもいないのに泥沼の戦争に踏み込み、そこから抜け出せないことが問題です。その点をよく考えないといつまでも同じ構造で同じ間違いを繰り返すことになります。

先進国のような組織化、正規化された集団は、戦争になると強いのです。

そして、攻撃を受けてある程度の被害が出ますと、国家が崩壊することなく、秩序を維持したままで敗北できるのです。アジア太平洋戦争の日本がいい例です。日本軍は、戦っている間は間抜けで愚かで無謀で乱暴でしたが、負けるとなると、世界史上稀《まれ》に見るほど立派になり、潔く武器を捨てました。戦後日本の復興は、まさにこの立派な敗北から始まったのです。これは日本国民の誇りとすべきことです。

ところが、ネットワーク的で分散的な社会は、攻撃力は弱いのですが、どんなに攻撃されて犠牲が出ても崩壊しないので、負けません。というより敗北できないのです。いつまでたっても戦い続けますから、そのうち正規軍が音を上げて撤退します。

その間、猛烈な悲劇が繰り返され、国土とインフラと人心が破壊され尽くされますが、何も解決しないのです。毛沢東やホーチミンのような強烈な指導者を中軸とした組織が出現して秩序が回復することもありますが、アフガンやイラクのように、秩序そのものが決定的に崩壊してしまえば、戦争状態を解消することができなくなり、果てしない悲劇が続いてしまいます。戦争から混乱へと事態が変化して、収拾がつかなくなります。「イスラム国」のような魔物はこのような状況の中で出現したのです。

満洲国の話に戻ります。

満洲の地は、中国には珍しくとてもネットワーク性が低くて、ピラミッド型の県城経済システムが支配する、非常に簡単な構造でした。だから関東軍は乗り込んできて、そこだけ占領すれば、満洲全体を支配できました。「満洲国」という国家をデッチ上げることも、県城の有力者たちに協力（もちろん脅したり宥《なだ》めたり）してもらえばできたのです。

それに対して中国本土、華北以南は、分散的・階層的な社会でしたので、県城と鉄道を支配しても何も起きませんでした。ゲリラは村々に引っ込んで、延々と「負けない戦い」を繰り広げ続け、正規軍つまり日本軍は、ただただ疲弊していったのです。

また一枚、図を見ていただきます。深尾葉子さんの作成された、山東地方でどのような作物が生産されていたのかを示す図です。ご覧のように綿花・落化生・葉タバコなどがパッチワークになっています。

山東省でも大豆を作っていたのですが、ほとんど自家消費で輸出はされませんでした。

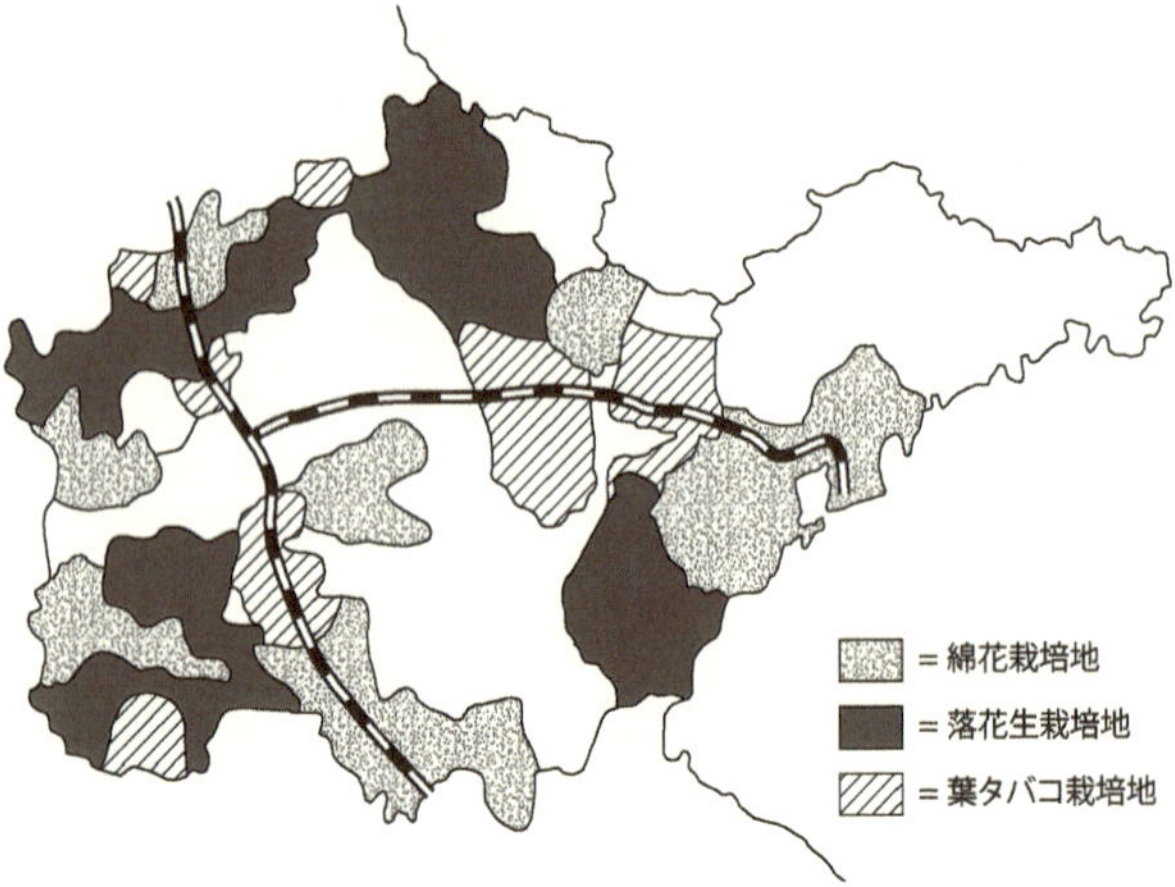

山東の生産物の様子（深尾葉子「山東の小農世界」）

馬車も鉄道もないので遠くまで運べないからです。

逆に満洲はご存じの通り、大豆、大豆、大豆、大豆、大豆であとは自家消費用のトウモロコシとコーリャン。多様性が低いのです。

つまり社会的なコミュニケーションが複雑な場所では、生産物も複雑になります。逆に社会的コミュニケーションが単純な満洲では、生産物も単純でした。

県流通券を回収せよ！

あと二つほど、当時の満洲の社会構造を示す例を挙げてみたいと思います。

一つは「県流通券」というものです。お金、紙幣の話です。

満洲は一九世紀末の開拓当初から貨幣不足に苦しんでいました。貨幣は満洲で鋳造されておらず、その上、中国本土からの日用品などの購入のための送金の必要があって、域内に貨幣が滞留しないのです。

そこで有力な商店、商人が「私帖《しちよう》」というものを発行しました。そういう店の発行する商品券のようなものが、そのまま貨幣として流通した、と考えてください。酒屋さんとか、金貸しとか、とにかくいろんなお店が発行しました。一つの県に一〇〇を超える私帖が流通していたケースもあります。鉄嶺《てつれい》あたりでは二五〇種類近く流通していました。

ところが一九一七年ごろ、張作霖がこの私帖を抑制する政策を打ち出します。山東省や山西《さんせい》省ではこのようなことをしてもなくならなかったのですが、満洲だけはすぐなくなりました。

これは張作霖の影響力がすごい、というわけではなくて、先ほどから見てきたように、経済の構造が単純で県城と村の人々が直結していたので回収しやすかったのです。他の地方ではいろんなルートからいろんな私帖があとからあとから湧いて出てくるわけです。

満洲事変（一九三一～三三）の前、この地方で洪水が起きて、経済的な混乱が生じました。ここでこの私帖が復活します。ただしその際は、県政府が県の有力者（商人）ときちんと相談して、共通の紙幣を作って、いろんなお店から発行しました。

これが「県流通券」です。

そうこうしているうちに満洲事変が起きました。金融が止まり、これでは商売が成り立たないということで、この「県流通券」が一気に各県に広まります。「流通券」や「救済券」という名前で、各県二〇万元ほど、数十県で発行されます。

これを見て驚いたのは日本側です。「県参事官」というボランティアのような役人が県に入って行政を立て直す仕事があったのですが、彼らが見たのがこの「県が紙幣を勝手に発行している」という事実だったのです。日本では想像もつかない事態に、彼らは仰天しました。

これの何が問題かと言うと、この県流通券が、ゲリラの活動資金になっていたことです。日本側もそれに気づいて、満洲国に設立した満洲中央銀行を通じて回収に動きます。それまで発行していた百円札、一円札といった高額紙幣に加え、小額紙幣や硬貨を大量に発行しました。一角硬貨、五分硬貨、一分硬貨といったものを一九三四年には合計一億枚以上発行して、これをバラまきました。

関東軍がゲリラ討伐に行くときに、満洲中央銀行の職員がこの小銭を担いで付いて行くのです。それと交換に、県流通券を回収しました。『満洲中央銀行十年史』には「幾度か死線を超ゆる冒険的行動を敢行し」とあります。銀行マンがゲリラ掃討隊についていくのです。命がけです。

この小額貨幣は三四〜三五年に一気に発行されて、その後は止まっています。ゲリラの掃討作戦を集中的に行っていたこの二年間に、満洲中央銀行の小銭が集中的に発行されていた、という事実は、この発行が県流通券回収を通じたゲリラの資金源潰しのためであったことの反映だと、私は考えます。

この文字どおり決死の努力の甲斐《かい》あって、ゲリラの資金源を断つことに成功したようです。関東軍もその四月には治安維持を新設の満洲国軍と警察にまかせ、対ソ戦準備用の集中配備に戻ります。

次の写真は、私がたまたまネットで見つけた県流通券の実物の写真です。

「遼寧《りようねい》民衆救国会軍用流通債券」とあります。一〇円券と一円券です。唐聚伍《とうしゆうご》という有力なゲリラの親分が発行したものです。

ちなみにこれは、小出新《しんいち》さんという元憲兵の方が中国から持って帰ってこられたものです。三七年から四二年まで中国におられました。その息子さんの章夫《あきお》さんが、お父さんの情報をネットに上げておられたので、連絡を取り、写真を送っていただきました。急いで刷ったためか、十円券は裏が真っ白です。

満洲ではこういうものを、県が主導して、県知事、有力商人が集まって金融委員会や救済委員会を作り、相談して、きちんと発行していました。おそらくはこうした人々や委員会が、満洲事変後の「治安維持会」に発展し、関東軍は脅迫や懐柔などでここを押さえることで満洲全体を掌握し、「満洲国」建国に繋げたのだろうと考えます。

何度も繰り返しになりますが、これは満洲のような構造が単純でハッキリしていた地域だからできたことなのです。華北でこれをやろうとすると、県城を押さえるだけではまったくダメで、せめて定期市町まで行って押さえる必要があります。もちろんそれでもうまくいく保証はありません。

満洲には二〇〇県ほどあったのですが、華北ですとそもそも県がもっと多く、かつ定期市町となるとその一〇倍はありますから、ざっと数千ヶ所という膨大な拠点を押さえる必要がありました。

こんな有様では私帖の回収はうまくいかなかったでしょうし、ゲリラの資金源も断てないわけです。

実際、三八年に日本は北京に中国聯合《れんごう》準備銀行という傀儡銀行を作り紙幣を発行しました。石油や穀物などをこの紙幣でしか買えないように強制するなど無理やり流通させよう

県流通券の実物（遼寧民衆救国会軍用流通債券）。上から10円券の表、1円券の表、10円券の裏、1円券の裏（小出新一氏旧蔵、小出章夫氏所蔵）

としましたが結局信用は得られず、ハイパーインフレを引き起こして民衆を苦しめました。

この「紙幣の流通」という一点だけ見ても、満洲と華北との構造の違い、戦争の難易度の違いが浮かび上がってきます（安冨歩「県流通券」参照）。

日本式で盛り上がった宗教の拠点、娘娘廟

もう一つは「廟《びょう》」というものを見てみましょう。

廟は中国社会の宗教施設であり、その礼拝の対象は様々です。先祖を祀《まつ》るときも、龍王などの神々、関帝、孔子なども廟に祀ります。

ここでは日本の神社仏閣と同様、お祭りがあります。廟会《びょうかい》といいます。

大石橋迷鎮山《だいせつきょうめいちんざん》という場所があります。満鉄本線から営口《えいこう》という港や葫蘆島方面へ行く支線の分岐点近くなのですが、ここに娘娘廟《ニャンニャンミヤオ》という子授けの神様の廟がありました。

ここの廟会が、満洲一と言われたほどの大規模なお祭りだったのです。その日（四月一八日）には満鉄に乗って、また馬車やロバ車を駆って、満洲中から二〇万人とも三〇万人とも言われる参拝客がやってきました。

実は日本の「初詣」という習慣は、近代に入ってから鉄道会社が創り出したものです。

有名なトリビアですからご存じの方も多いかもしれません。

それ以前の日本では「年籠《としごも》り」と言いまして、家長が祈願のため大晦日《おおみそか》の夜から元日の朝にかけて近くの氏神さんに籠る習慣でした。それが明治中期以降、鉄道の勃興《ぼっこう》とともに沿線に大きな神社仏閣を持つ鉄道各社が、「お正月には大きな神社にお参りしましょう」というキャンペーンを張ったのです。たとえば京浜急行電鉄が川崎大師へ、京成電鉄が成田山新勝寺へ、阪堺《はんかい》電気軌道や南海電気鉄道が住吉大社へと。

娘娘廟に集まった馬車の群れ（一色達夫、宇野木敏編『写真集［満洲］遠い日の思い出』）

これで正月三が日には家族連れで電車に乗ってくれます。大もうけです。

これをおそらく満鉄が満洲でやったのだと思います。長春あたりの大都市でこの大石橋娘娘廟のビラを撒《ま》いて宣伝しています。つまりこれは、長い歴史のあるものではなく、満鉄によって意図的に創り出された大廟会でした。

こういうところへの感性は似ているのか、なぜか中国人もこのキャンペーンに乗ってくれまして、たくさんの人が集まりました。ただし中国人は馬車で来ます。それでは運賃が稼げないので満鉄としてはうれしくないはずですが、とにかく人が集まりますので、露店もたくさん出て、材木市なども立ち、賑《にぎ》わっています。満鉄も宣伝のために記録映画を作りました。写真や映像が残っているので、その様子がよくわかります。

以前、私はここに調査に行きました。

国共内戦期に共産軍の手によって娘娘廟はダイナマイトまで用いて徹底的に爆破されてしまいました。それが時代も変わって、建て直して復活したということでしたので、観に行ったのです。二〇〇二年でした。

行ってみると、三体の女神様がご本尊なのですが、並べ方を間違えていました。当時の満鉄の記録映画、これがとてもおもしろい記録映画なのですが、これを地元の人に観てもらいましたら「順番が違う」と大騒ぎになりました。

中国では共産党政権下で、特に文化大革命時に昔からの習俗が失われたケースをよく見ます。私は毎年お邪魔している黄土《こうど》高原の楊家溝という村で、絶えて久しい「昔ながらの結婚式」を復活させよう、と企画したことがあります。花嫁花婿は日本人男女だったのですが、みなさん本当に協力的で、我が事のように大盛り上がりに盛り上がり、結婚式の行われる窰洞（ヤオトンという横穴式住居です）には二〇〇〇人近い見物客が押し寄せ、『西安晩報』という新聞のトップ記事になりました。

もちろん、日本でも地元式の結婚式を挙げようとがんばるカップルやそれを支える地元の人々の姿をニュースで時折目にします。合理性や効率重視の世の中ですが、こういう昔からのお祭りや儀式は、みんな本当は好きなのですね。


それはともかく、満洲のこういう巨大な廟会というのは、華北にはありませんでした。私はこれを「鉄道型大型廟会」と名づけたのですが、これも満洲の持っている集中性、県城に集まる、大都市に集まる、その一つの表現だと思います。

華北では村の廟がたいへん盛んです。それに対して満洲では村、屯の廟はあまりお参りしていません。お祭りのようなものもなく、しょうがないので自宅の裏庭に自家用の小さな廟を建てる、そんな感じでした。

さらに興味深いのは、この廟会の日程です。特に重要な娘娘廟の廟会は、どの県でも四月一八日なのです。

お祭りの日が決まっているのはあたりまえじゃないか、と思われるかもしれませんが、これがあたりまえではないのです。満洲以外の中国では場所によって違います。同じ神様でも違う日に行います。

一つの県のいろいろなところに廟があって、そこの廟会の日がずらしてあり、お客さんは各地の廟会を回れます。また、どこの廟会も集客が期待できます。特に夏の間、暑くて農作業がしにくい時季、八月や九月には毎日のようにいろんなところで廟会をやっています。そこにお芝居なんかが出ますから、娯楽の少ない村々の農民は、それを楽しみに毎日のように出かけていきます。そんな理由でずらしてあるのです。生活の知恵です。

ところが満洲ではビターッと同じ日に一斉にやってしまいます。このあたりにもなんとなく、全体的・官僚的・中央集権的な感じがします。こういう土地柄だから、日本が攻めていって、

「今日から満洲国です!」

というようなムチャがなんとか通用したのではないか、と思うのです(深尾葉子・安富歩「廟に集まる神と人」参照)。

かくして赤い夕陽の「満洲」が成立した

ここまで、満洲という、大森林・大草原・大湿地帯が広がる人煙まれな悠久の大地が変

化していく要因を探ってきました。

鉄道が敷かれ、馬車が活躍し、その結果、県城経済というシンプルな経済形態が発達しました。県流通券の流通・回収過程や鉄道型大型廟会の盛会にそれが表れています。

これらがおたがいに影響しあい、ポジティブ・フィードバックの円環ができあがって、それが廻り始めます。

経済の形が変化すると、それと相互作用する政治、そして文化の姿も変わっていきます。コミュニケーション・パターンが華北とはまったく異なる地域になりました。

この変化を、さらに加速させたのが関東軍による占領、つまり「満洲国」の建国でした。

次章ではその変化が加速していく様子を、三つの重要な要素を中心に考察します。章の最初の方に掲げた要素のうちここまで語られなかったものも、複雑に絡んできます。

第二章　暴走へのループが廻り始める

遅れてきた帝国主義「満洲国」

この満洲という地域に「満洲国」という傀儡《かいらい》国家を成立させた直接的な要因は満洲事変です。満洲国の暴走の加速を見る前に、第一章でも簡単にふれましたが、満洲事変についておさらいしておきます。

まずはその背景を見てみましょう。

一九一一年、辛亥《しんがい》革命が勃発《ぼっぱつ》。これはアヘン戦争（対英、一八四〇~四二）やアロー戦争（対英仏、一八五六~六〇）、日清《にっしん》戦争、そして義和団事件など、内政外交ともボロボロになっていた清朝を打倒し、共和制国家を打ち立てようとする中国人による武装蜂起《ほうき》です。

翌一二年、清の最後の皇帝である宣統《せんとう》帝（愛新覚羅《あいしんかくら》溥儀《ふぎ》）が退位。中国で二〇〇〇年続いた帝政がついに廃止され、アジア初の共和国、中華民国が成立しました。初代臨時大総統に孫文《そんぶん》が就任しましたが、すぐに袁世凱《えんせいがい》に代わります。

米・英・仏・独・露そして日本など列強各国は、この混乱に乗じてさらに中国の権益を切り取ろうと目論《もくろ》みます。

ところが一四年、欧州で第一次世界大戦が勃発。これで欧米各国はとてもアジアまで手がまわらなくなるのです。加えて一七年、ロシア革命が起きてロマノフ王朝が倒れ史上初の共産主義国家・ソビエト連邦が誕生します。

中国では袁世凱が混乱収拾のため、一五年末に帝政復活という挙に出て失敗し、すぐに退位して失意のうちに死去。

かくて中国は各地に軍閥が割拠する、全国的な内乱に突入しました。

この世界的混乱期に、第一次世界大戦を連合国側で戦った日本は、山東《さんとう》省、パラオやマーシャル諸島などのドイツ権益を得ます。また袁世凱に対しては、中国大陸での権益確保を目論んだ「対華二十一ヶ条要求」を突きつけました。

さらにロシア革命に乗じてシベリアに出兵、なかなか兵を引きません。まさに「遅れてきた帝国主義」という感じです。

しかしここで調子に乗ったことで、

アメリカが「日本に中国権益を脅かされるのでは」と警戒し、

その結果、巧妙に日英同盟を破棄させられ、

シベリア出兵によって、共産主義化したロシア（ソ連）とも関係が悪化し、

軍需品の輸出で急激にインフレが進み、さらに戦後は不況に見舞われる、

と、ボディブローのようにダメージが蓄積していきます。このときの近視眼による情勢判断の誤りが、大日本帝国滅亡の発端となるのです。

時を経て一九二七年、孫文死後に国民党の指導者となった蔣介石《しょうかいせき》が南京《なんきん》国民政府を設立。共産党勢力とも接近、当時満鉄を始め満洲にあった日本権益を取り返そうと抗日姿勢を強めました。二八年末、満洲を支配する張学良《ちょうがくりょう》が合流し、国民党による一応の全国統一が実現しました。

国民党政権は外国からの利権の回収を重要な目標としており、相対的に軍事力の高い張学良政権にその実行を期待しました。それはまた、張学良の実力を消耗させようという蔣介石の目的もあったと言われています。

この期待に応《こた》えて張学良政権は、二九年に実力をもって東清《とうしん》鉄道の利権を回収しようとしました。しかし、ソビエト連邦はこれに対して軍事力を行使し、中ソ国境付近で軍事衝突が発生します。張学良軍は甚大な被害を受けて敗北し、やむを得ず大幅に譲歩することで事態を収束させ、一方のソ連軍も欧米諸国からの圧力もあって撤退しました。

日本はこの事態に対して中立を守って静観していましたが、「またロシアが南下してくる」という安全保障上の脅威と捉《とら》えます。

少し時間が戻りますが、張作霖《さくりん》政権が急成長していたころに、日本の関東軍は軍人を顧問として送り込んでいました。しかし張は満洲の豊かな農作物輸出による資金力を背景に実力を高め、次第に日本と距離を置くようになります。

すでに述べましたが、関東軍の一部将校の陰謀により、二八年に張作霖を列車ごと爆殺する事件が起こったのは、そのことが背景になっています。しかしその結果、当然ながら、跡を継いだ息子の張学良は、明確に反日の姿勢を取るようになり、蔣介石の国民党政権に合流したのです。

また三一年には、中国側は満洲から朝鮮人を駆逐する政策を採用します。当時の日本政府は没落した朝鮮人農民を満洲に送り込んで勢力を移植しようとしており（当時、朝鮮は日本の植民地です）、結果この年には在満朝鮮人は六三万人にも達していました。中国側からすれば移住民は日本の手先と見えますから、彼らは反日の矢面に立たされます。

この文脈で「万宝山《まんぽうざん》事件」が起きました。入植地の用水路工事をめぐって朝鮮人移民と中国人農民が衝突、中国側数百人が実力行使に出て施設を破壊、これに日本の武装警官が対峙《たいじ》、工事を強行しました。この一件を背景説明抜きに「朝鮮人に対する不当な圧迫」と日本政府（関東軍）がマスコミを使って喧伝《けんでん》したため、朝鮮半島では報復として中国人排

石原莞爾。1889-1949。戦前、戦中において、圧倒的な存在感を誇る陸軍軍人。自ら転がした雪玉に弾き飛ばされてしまう

斥運動が起こり、多くの在朝鮮中国人が虐殺されました。また対立を煽《あお》られた満洲でも、在満朝鮮人が襲撃に備え避難しています。

ただ、中国人も朝鮮人もおたがいの激しい対立は日本の武力行使の口実になるだけだ、とよく理解していたため、事態は急速に収束しました。逆に関東軍から見れば、絶好の軍事介入の機会が潰えた、とも言えます。

しかしこのように満洲の国際的緊張は非常に高まっており、一触即発の状態でした。

翻って日本です。帝国陸軍内部ではこれら満蒙《まんもう》（満洲と蒙古）問題の根本的解決を企図するグループが結成されていました。密《ひそ》かに満蒙で武力行使を行う「満洲問題解決方策の大綱」という計画も作られます。中央では永田鉄山《ながたてつざん》、鈴木貞一《すずきていいち》、関東軍では石原莞爾《いしわらかんじ》、板《いた》垣征四郎《がきせいしろう》らがこのグループです。

政府・外務省の幣原《しではら》外相は、広東《カントン》政府と話し合うなど国際協調路線でしたが、各国の思惑が入り乱れる中、うまくいきませんでした。

独断も結果さえよければ…

さてこうした中で、一九三一年九月一八日、柳条湖《りゅうじょうこ》事件が起きます。

その日、南満洲鉄道（満鉄）の奉天《ほうてん》郊外、柳条湖付近で爆発が起きました。これは板垣（関東軍高級参謀・大佐）と石原（関東軍作戦参謀・中佐）が軍事行動の口火とするために仕掛けた謀略であることが後の調査でわかっています。しかし陸軍は「張学良の破壊工作」と発表、直ちに軍を動かしました。

かねてから準備万端の関東軍は電光石火の勢いで奉天、長春《ちょうしゅん》、営口《えいこう》など各都市を占拠、中国兵を追い払います。

呼応して二一日、林銑十郎《はやしせんじゅうろう》率いる朝鮮軍が独断で越境し、関東軍と合流します。当時の張学良軍は二〇万とも三〇万とも言われ、さすがに約一万の関東軍だけでは兵力が足りなかったのです。

この軍規違反の林銑十郎を当時のマスコミは「越境将軍」ともてはやしました。当時の総理大臣若槻礼次郎《わかつきれいじろう》は、このような軍隊の行動に反対していましたが、最終的にこのための特別軍事予算を「出てしまったものは仕方がない」と承認しました。

私の師匠の森嶋通夫《もりしまみちお》先生が生前に繰り返し強調しておられましたが、このように原則に固執せず、既成事実に弱いというのが、政治家にかぎらず、日本人全般の特徴です。すでに起きてしまったことを受け入れ、「前向き」に捉えてなんとかうまく処理する態度を賢明だと考えます。

逆に、原則に固執する人を毛嫌いします。これが先の戦争を引き起こした大きな原因であると森嶋先生は考えておられました（森嶋通夫『血にコクリコの花咲けば』朝日新聞社、一九九七年）。

私が福島原発事故以降に、『原発危機と「東大話法」』『幻影からの脱出―原発危機と東大話法を越えて―』などの書物を出版したのは、この特徴が全面的に露呈したと考えたからです。このようなことをしていれば、また日本社会が暴走してしまいます。

さて、政府・新聞・国民による既成事実の容認に勢いを得た関東軍は、翌三二年二月には満洲全土をほぼ制圧。三月一日、清朝最後の皇帝、愛新覚羅溥儀を「清の復興」を餌に担ぎだして「満洲国」を建国しました。傀儡国家です。皇帝（当初は「執政」）は溥儀でしたが、すべては関東軍が「内面指導」しました。

九月、大日本帝国と満洲国との間で「日満議定書」が結ばれ、日本側のすべての権利利益の確認尊重と日本国軍の駐屯が認められ、関東軍はここに居座ることとなります。こうした満洲事変の一連の流れは国際的な非難を浴び、三三年三月、日本は国際連盟を脱退しました。

これがざっと起きた事実です。

こうして「満洲」は日本に半植民地化され「満洲国」となりました。そしてこれによって生態系の変化はさらに加速します。この社会の変化においてとりわけ重要な要素が、三つあると私は考えます。それは、

大豆

総力戦

立場主義

です。

第二章と第三章で暴走が短期間で加速し、暴発した様子を見ていきたいと思います。

大豆生産を目指してやってきた膨大な移民

まず、大豆について考えたいと思います。すこし歴史を巻き戻します（以下は安冨歩「大豆」参照）。

大豆という農作物がなぜこれほど重要になったのか。これには中国歴代王朝が心血を注いだ大事業、「大運河」が関係しています。

「大運河」とは、食物生産の豊富な、つまり経済力の豊かな南の地方と、政治・文化の中心地である北の地方を結ぶ、巨大な運河のことです。これは隋《ずい》の文帝・煬帝《ようだい》が六世紀末～七世紀初（一四〇〇年前！）に開削したものに起源を発します。隋代にすでに総延長二五〇〇キロを誇りました。

洛陽《らくよう》・長安《ちょうあん》に都を置いた歴代の王朝の胃袋を満たし、その後、延長やルート変更を経て、北京に都を置いた元朝以降、明《みん》朝、清朝とますます重要となります。

この運河による大輸送のことを「漕運《そううん》」と呼びます。当初は「宮廷のための食糧輸送」という公的な役割を持っていましたから、私的つまり商売の水運は禁止されていたのですが、黙認から認可へと進むことになります。

さてこの漕運にて江南《こうなん》から米を始めとする穀物を運ぶのですが、帰りが空荷だと船が不安定になるので、泥や石を積んででも、喫水線を上げないといけません。これは現代につづく舟運の永遠の課題です。たとえばタンカーは原油の代わりに海水（バラスト水）を積むので、遠い地域の海水がやってくることで生態系に悪影響が出ることが問題視されるほどです。

漕運によって米などを北京に運んだ船主は、帰りに何かいい荷物がないかな、と探します。そうやって見出《みいだ》されたのが大豆でした。

かくして北京付近の大豆を南方に運ぶことになり、その生産量も増加しました。特に上海《シャンハイ》近辺で木綿の生産が増加してくると、さらに重要性が高まりました。

木綿という作物はたいへんな肥料食いなのです。日本でもニシンが木綿畑の金肥（お金で買う肥料）になるために獲《と》り尽くされるほど獲られました。

大豆から油を搾ったあとの大豆粕《かす》が肥料にいいというので、大量の需要が発生したのです。あまりにもうかったので、当初の目的とは逆に、泥を積んで北京へ行って大豆粕を積んで戻ってくる船が出現したほどです。

さらにその後、華南《かなん》地方、さらに南の台湾《たいわん》の向かいぐらいの地域ですが、ここでサトウキビを植えて砂糖の生産が始まりました。砂糖というのは高価な商品ですのでさらにもうかります。また同時期には満洲で営口が開港、蒸気船による海上輸送も始まります。これらによりますます大豆の需要が増えていきます。

もうかる商品があればそこに人が群がります。江南・華南で使う肥料のために大豆を生産する、そのために満洲に入って農業をする、という漢人が増えていきました。

先に述べましたが満洲というのは清王朝、つまり満洲族の父祖の地です。ですから長く漢人の立ち入りを厳しく制限していました。

ちなみに日本のアニメやマンガに「中国人」として、チャイナドレスに身を包み髪をお団子にした女の子が出てきますが、これは元々は満洲族のスタイルです。辮髪《べんぱつ》にいわゆる「中国服」の男性のステレオタイプも同様に、満洲族のスタイルを漢人にも強制したことで広がったものです。

ところがそうして禁止しても禁止しても移民が入ってきてしまいます。満洲は基本的に気候の厳しい住みにくい所です。なのにどうしてこんなところに移住してくるのか。その理由はこの漕運による大豆の需要ではないだろうか、というのが私の見立てです。

ただし、これもまだ証明できていません。

ですがアメリカの西部開拓史を見ていましても、「金になる」「飯が食える」と聞くとどんな困難を乗り越えてでも、たとえ自然環境が多少厳しくても押し寄せるのが人間の習性のようです。そもそもその昔はアジアからベーリング海峡を渡ってアメリカ大陸へ移住した人々もいるぐらいですし、それを言うならすべての人類はアフリカから旅をしてきたわけですから、移民の「理由」など考える必要がないのかもしれません……。

満洲大豆、日本へ、世界へ

この満洲大豆が、日清戦争後、日本にも運ばれるようになります。主に肥料としての大豆粕です。大豆のままでも食用になったようですが、国産や朝鮮産より味が落ちるとされていました。ともかくこの大豆粕は田畑に入れられまして、生産効率の向上に大きく寄与しました。

これは最初、三井物産がやろうとしたのですが、うまくいきませんでした。つづいて日本側は、「川口商人《かわぐち》」という、大阪に支店を持って満洲との交易を担う中国人業者と提携しました。彼らは日本の雑貨を上海経由で満洲に送っていたので、満洲から大豆を仕入れるのは好都合だったのです。日本側の業者は日本各地の農村に大豆粕を切って使う道具を提供したり、使い方を教える事業を展開したりしました。そこから輸入が激増したのです。

この大豆の流通ですが見方を変えると、満洲の肥沃《ひよく》な森林に永年蓄積された有機物を大豆粕の形で日本に持ってきて、日本の大地にねじ込んだ、とも言えます。日本から赴いた

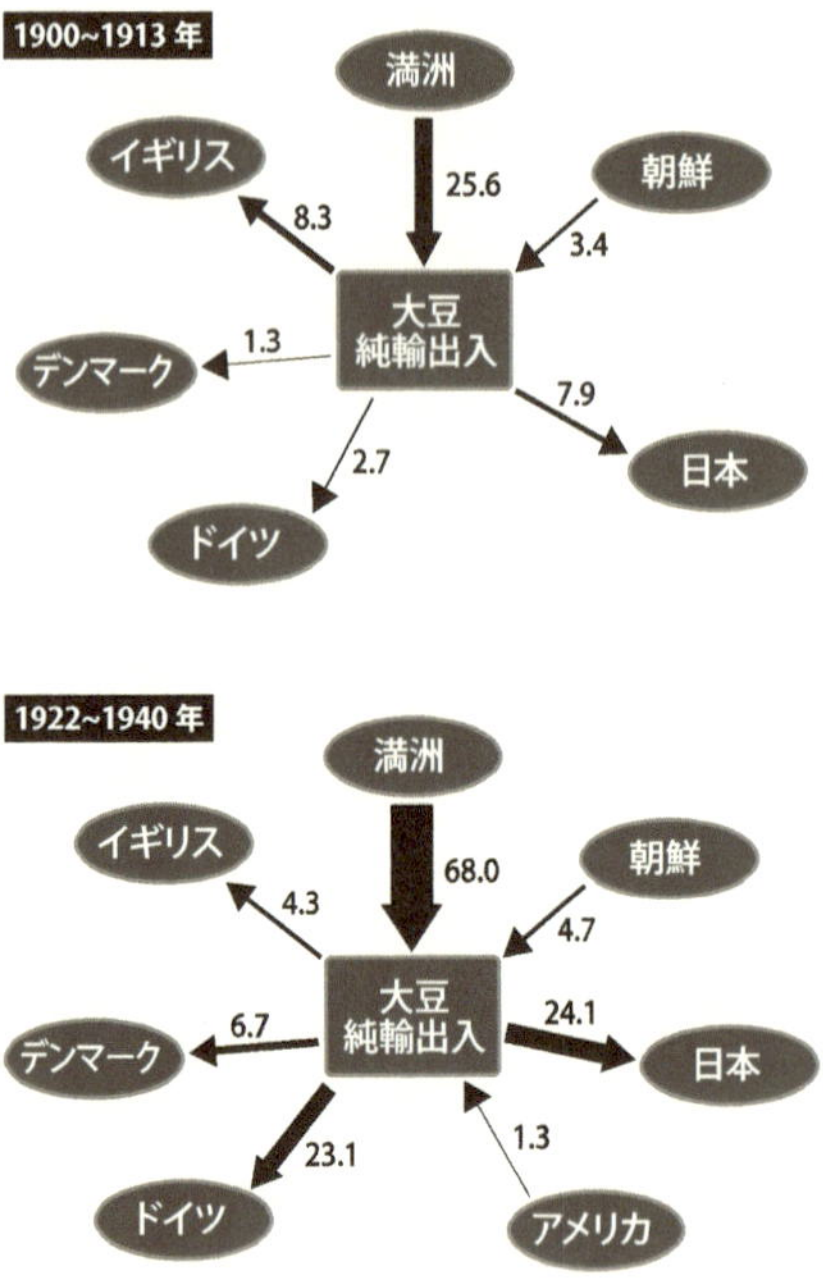

（上）1900-13年平均の大豆の国際的な流れ
（下）1922-40年平均の大豆の国際的な流れ（単位は百万ブッシェル）
（安冨歩「国際商品としての満洲大豆」）

開拓民の方々も、野菜を植えるとものすごくよく育ったと証言しています。非常に地力が高かったのでしょう。統計の正確性に疑問があるので参考程度にしかならないのですが、満洲の農産物の単位収量の長期推移を見てみますと、徐々に生産性が落ちていっています。

もしこの統計が正しいのであれば、日本の農業の生産性の上昇は、満洲の地力の犠牲の上に成り立っていた、ということになります。

さらに日露戦争後には、満洲大豆がヨーロッパまで運ばれるようになります。まずはドイツです。ドイツでそのころ化学工業が発展して、いろんな油を効率よく搾れるようになりました。最初はゴマを使いましたが、ゴマは高価ですので、世界中からいろいろな「油のもと」を搔《か》き集めました。アフリカのパーム油や満洲の大豆などです。これらが加工されて、たとえば、マーガリンになって食卓にのぼったのです。

このドイツ化学工業の発展は、世界中の農業に大きな影響を与えました。その一端に満洲もあったのです。

また油を搾ったあとの大豆粕は、オランダやデンマークやイギリスでは家畜飼料にもなりました。日本では直接田んぼに入れたのですが、ヨーロッパでは家畜に食べさせたのです。タンパク質が入っていますので、家畜がよく育ちます。ついでにそのとき出る糞尿《ふんにょう》を畑に入れて、作物も育てました。

右の図を見ますと、日本が肥料として、ドイツが化学原料として、大量に大豆を買った様子がわかります。

これによって満洲はいわば大豆ラッシュ、大豆バブルのような活況を呈しました。冬、カチカチに凍った路面を、馬車が大豆を満載して遠方から走ってきます。大豆は、

大連の埠頭（ふとう）に積み上げられた大豆
（金澤求也「南満洲写真大観」）

ジュート（インド麻）の袋に入れて露天に積み上げられました。

日本人の感覚では、こんなところに野ざらしにしておいていいのか、と思うのですが、満洲の冬は寒すぎるので、雨が降りません。先にも言いましたが、気温が零下三〇度ぐらいなので天然のフリーズドライ、カチンコチンに凍っていますから完璧《かんぺき》な保存状態です。

大豆のほかにも、たとえば松花江《しょうかこう》（ハルピンの北を流れるアムール川の支流）が凍りますので穴を開けてマスを釣ったりします。魚は釣り上げた瞬間、冷凍です。

これを鉄道で遠路ロシアまで輸出していました。天然・自然で完全冷凍される完璧な輸送システムでしたので、非常に効率が良かったのです。

今なお森を喰らう大豆

こうしてポジティブ・フィードバックの回路がぐるぐる廻り出し、一九二〇年代に満洲大豆の生産・輸出が劇的に増えていきます。この大豆の生んだ様々な社会の変化こそが、満洲事変の下地になったわけです。

鬱蒼《うっそう》と茂る森林や、天を衝《つ》くような巨木、虎や豹《ひょう》がウロウロする大森林では、地平線に沈む美しい夕陽などなかなか見られるものではありません。これが森を切り拓《ひら》いて大豆畑が広がっていきますと、真っ平らな地平線が現れて、そこに真っ赤な夕陽が沈むようになります。

日本人の持つイメージ、開拓民の人々から伝え聞くあの一面の大豆畑に沈む「満洲の夕陽」のイメージは、ですから太古の昔から続く満洲の原風景でもなんでもなくて、彼らが入植するほんのすこし前、一九二〇年代から現れた近代的な風景なのです。

話を現代にもってきます。

大豆の生産量というのは今もなお猛烈に増えています。満洲大豆全体で最盛期に五〇〇万トン程度でしたが、今は全世界で二億五〇〇〇万トンを超えています。

二〇年ぐらい前まで、日本が世界最大の大豆輸入国でした。今は中国です。日本の実に十数倍も輸入しています（二〇一一年で中国が五六五〇万トン、日本が三四〇万トン）。

今はだれが作っているのでしょう。

かつてまったく大豆を作っていなかったアメリカが戦中に生産を開始し、戦後は満洲にとってかわって主要生産地となりました。それからブラジル、アルゼンチン。これが現在の三強で、この三ヶ国で八割以上を占めます。あとは中国・インド・パラグアイ・カナダといったあたりが数％ずつ。南米ではアマゾンの森林をどんどん切って大豆を植えているのです。

何に使うか。飼料です。家畜のエサ、魚のエサ。タンパク質が含まれているのでよく育って、好都合なのです。ですから現在は、畑の肥料や油の原料というより、肉食の原料という役割が大きいのです。どこの国でも経済発展が起きてお金を持ちますと、肉と魚を食べるようになります。そこで大豆が必要になって、次々に森が切り拓かれる、そういうパターンになっています。

その最初が、この満洲大豆です。ですから満洲で起きた、

「大豆が森林を食いつぶす」

というプロセスは、終戦後アメリカ大豆の擡頭《たいとう》によって満洲大豆がその地位を追われて終わったわけではなく、今日に至るまで世界中でずっと続いているのです。

肉を食べると大豆が植えられて森林が消える——私たち日本人は、

「熱帯雨林がなくなって大変だねぇ」

と他人事のように思っていますが、私たちもポジティブ・フィードバックの環《わ》の中にいて、たとえばファストフード店でハンバーガーや牛丼を食べると、その分アマゾンの森林が消えていくのです。

大豆をめぐるカネ

こうして大豆が国際商品化しますと、社会にさまざまな影響を与えます。たとえば次の図は貨幣の決済の仕組みなのですが、とても複雑になっています。

満洲各地から集められた大豆は、大連《だいれん》かウラジオストクから輸出されます。大連で日本向けに輸出すれば日本円資金を得ます。ここで上海の貿易業者が日本からの輸入雑貨の支払いに日本円を欲しがっているので、上海でこの日本円資金を売却すると、上海の銀資金を入手できます。

この銀資金をさらに営口という満洲でもっとも大きな対中国本土貿易港で販売し、過炉《かろ》

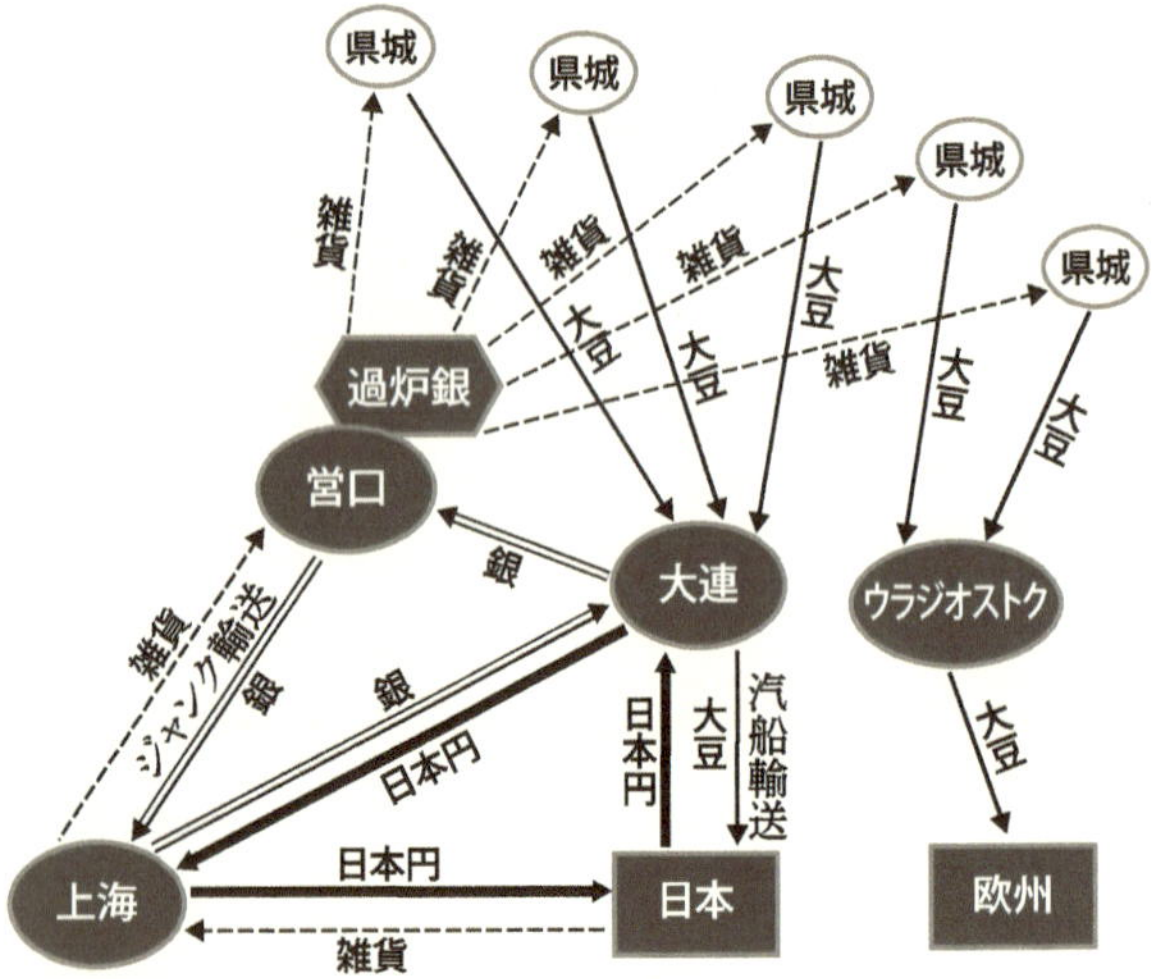

満洲大豆をめぐる貨幣の流れ

銀《ぎん》という営口独自の口座決済資金に転換すれば、これを満洲奥地からの大豆移入の支払いに使えます。逆に上海の銀資金を入手した営口の貿易業者は、それで中国本土からの雑貨輸入の支払いをします。

　こうして上海・大連・営口を結ぶ銀の三角形と、上海・日本・大連を結ぶ円の三角形が、同時に回転しているのです。うまく廻っているときはいいのですが、こういう複雑なシステムはどこか一ヶ所が破綻《はたん》すると全体がクラッシュしてしまいます。

　たとえば、一九一八年末に営口の有力金融機関「西義順《せいぎじゅん》」が破綻しましたが、これはそのようなパニックの一例です。ここに目をつけ、金融システムを都合のいいように再編することで支配力を強めたのが張作霖政権でした（松重充浩「営口」参照）。県流通券のところでお話ししましたように私帖《しちょう》も回収してお金の流れを握ります。簡単にいえば外貨を摑《つか》んだわけです。

当時の中国は慢性的な外貨不足でした。ところが満洲だけはこのように大豆を売って外貨が有り余っています。ここを押さえた張政権は、その外貨を使って外国（アメリカ、イギリス、日本）の優秀な武器を買い、非常に強力な軍事力を手にしました。

たとえば中原《ちゅうげん》大戦（一九三〇）という、蔣介石とそれに対抗する勢力との内戦がありま す。最後は張作霖の跡を継いだ張学良が蔣介石に味方して大勢が決するのですが、このとき、張学良軍だけがほかのどこも持っていない飛行機や戦車を持っていたそうです。

強力な武器を持つことで、地方政権が強化され、地方政権が強化されることで、大豆モノカルチャー（単一の農作物を生産する農業形態）が促進されていったのです。

なぜなら、農民に「お前ら大豆を作れ」と圧力を掛けられるからです。それによってさらに大豆の国際商品化が進み、また外貨が得られて……というループが完成し、廻り始めました。

こうしてまた劇的な変化が起きます。

大豆の国際商品化は中国本土からの移民をさらに呼びますし、この大量の中国移民が小作を請け負ってくれるから、大豆モノカルチャーが発達します。この大豆モノカルチャーがさらに国際商品化を進め、また移民を呼び……というループも廻ります。

加えて、前に申しました、日本とロシアの鉄道のループもあります。鉄道の駅まで運べば海外に売れるので、大豆の国際商品化が起きる。森林を伐採して鉄道を敷き大豆畑を作る。中国から移民が来る。移民は鉄道建設を促進する。鉄道は県城《けんじょう》経済を成立させる……こういう流れもあります。

そして森林を伐採すると馬車が作られます。針葉樹を切ったあとの二次林広葉樹を部材に、モンゴルの馬と合体させて馬車ができる。農民はこれを使って鉄道の駅まで大豆を運ぶ。これによってさらに鉄道は延びる……。

次の図を見てください。第一章での内容も踏まえた、満洲で生滅する「縁起」です。

ここまでのお話が曼荼羅《まんだら》になっています。

これらのループや相互関係が、全体として巨大な、そして急激な社会の変化を生んだ、と私は考えます。

これら絡み合う縁起のはたらきで、満洲の森林・草原・湿地帯の折りなす風景はあっという間に見渡すかぎりの大豆畑に変わり、そしてそこへ、日本軍がやってきました。

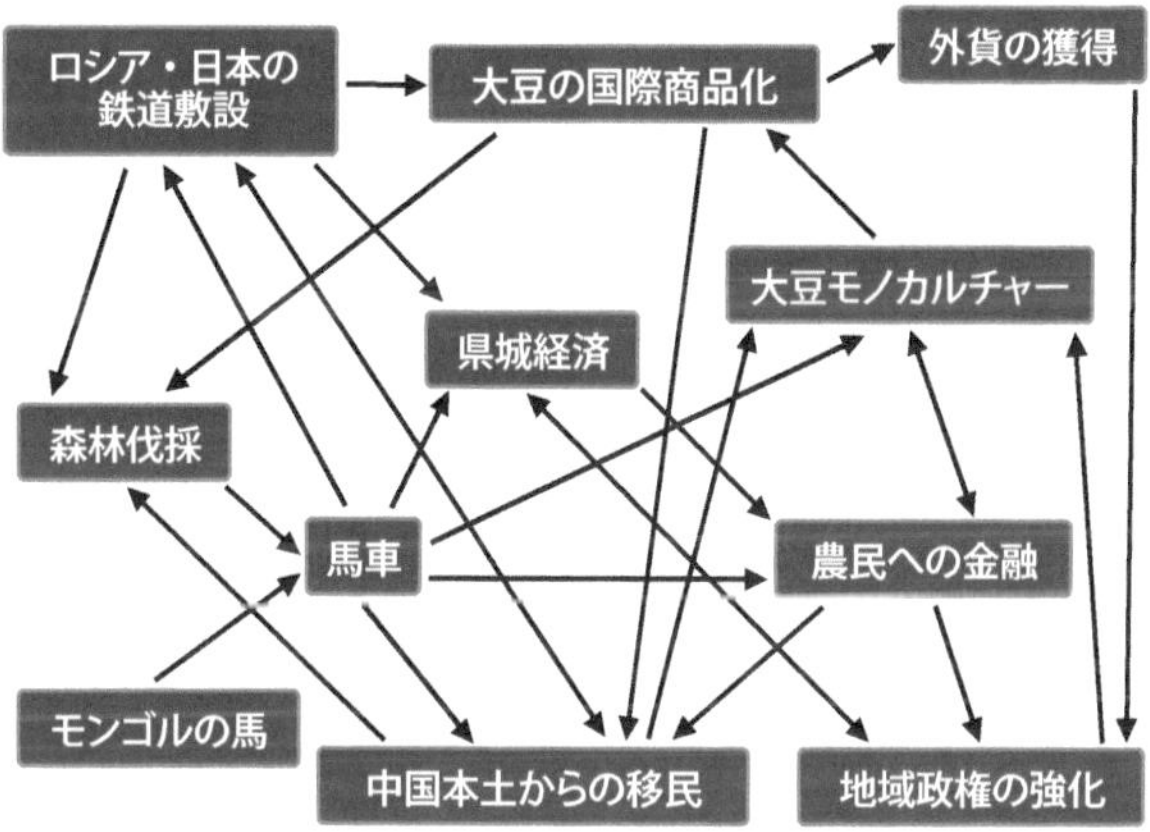

互いに強化しあう因果関係の連鎖

次はその日本軍を満洲へそして中国本土へと駆り立てたもの、「総力戦」という名の悪魔の正体を見ていこうと思います。

「総力戦」は世紀の大誤訳

「総力戦」という言葉は聞いたことがあると思います。

「第二次世界大戦は総力戦だった」

と表現するのですが、実はこれは誤訳だと私は思うのです。これが日本を敗北に導いたのではないかと思えるほどの大誤訳です。

英語では〝total war〟。

普通、totalを「総力」と訳したりはしません。『オックスフォード現代英英辞典』をひきますと、「すべてを包括する（including everything)」と解説されています。ですから〝total war〟とは「すべてを包括する戦争」という意味なのです。軍隊や政府だけではなく、国民ばかりか大地や草木まで、すべてを包括してしまう、恐ろしい戦争のことです。

無理やり訳すなら「総合戦」や「全体戦」とすべきだったと思います。ところがこれを日本語では「総力戦」と訳してしまった。たとえば『ジーニアス英和大辞典』では〝total〟に、

1　総計の、全部の、全体の
2　完全な、まったくの
3　総力を挙げての

という訳語が与えられています。この三番目の「総力を挙げての」というところの用例を見ると、

「total war 総力戦」

だけが挙げられています。おそらく、これ以外には用例はないはずです。そしてこれは誤訳です。〝total war〟は「すべてを包括する戦争」であって「総力を挙げての戦争」で

はないからです。ところがその誤訳が、現代の辞書にまで継承されているのです。

この辞書のように「総力戦」と訳すと、「総力を挙げれば勝てるんじゃないか」という勘違いが発生してしまいます。

たとえばプロ野球で、ピッチャーを何人もつぎ込み代打も代走も使い果たすような展開を、「総力戦だ」と表現します。でもこれは〝total war〟ではありません。プロ野球で言うなら、選手や監督の能力ばかりではなく、球団の分析力・経営力・資金力・宣伝力・マスコミ対策・ファンへのアピール力・ファンの応援などのすべてが包括された戦い、という意味になるべきです。

本物の〝total war〟とは、参戦した国の軍事力だけではなく、経済・政治・科学・技術・資源など、戦争遂行に関わるすべてのリソースが、不可避的に動員され、どちらかがそれらを使い果たして、システムそのものが崩壊してしまうまで続く恐るべき戦争のことです。「総力を挙げてがんばれば勝てる」などというものではありません。このことを敗戦後七〇年経っても、私たちはまだ理解していないのです（以下、慣例に従って致し方なく「総力戦」と呼びます）。

戦争の形は変わり続けている

総力戦の始まりは第一次世界大戦（一九一四〜一八）です。その前の大戦争は日露戦争でした。開戦は一九〇四年。この間わずか一〇年なのですが、ここで「戦争」の形が画期的に変わるのです。

日露戦争までは古いタイプの戦争でした。事前に用意した武器・弾薬そして兵士で戦う戦争だったのです。それらが尽きればそこで戦争は終わります。

現に陸軍同士では、日本軍が会戦（大規模な部隊同士がぶつかり合う戦闘）で勝ってはいましたが、ロシア軍伝統の退却作戦が着々と進行中でした。

この作戦は、広大な領土を途中、会戦を交えて敵に出血を強いながら撤退に撤退を重ね、敵の補給線が延び切り敵本国からの増援がおいそれとは届かない地点までおびき寄せ、そこに前もって蓄積しておいた圧倒的な兵力で一発で叩《たた》き潰《つぶ》すというものでした。ナポレオンも後年ヒトラーも敗れ去ったロシア軍のお家芸です。この場合は、ハルピンまで下がり、そこに兵や弾薬を貯《た》めての大逆襲です。

一方の日本軍は、補給線は延び切る、優秀な兵士たちは戦死・病死していなくなる、武器弾薬はまるで足りない、あと一会戦できるかどうかわからない、というういっぱいいっぱいな状態です。ですから形式上は勝ち続けていたのに講和に臨んだのです。

一方、海軍を見ると、日本海海戦で連合艦隊がバルチック艦隊をほぼ撃滅するパーフェクト・ゲームを演じ、ロシア海軍がアジアに振り向けうる艦船のすべてが消滅してしまっていました。海の上ではロシアの側が戦争を続けたくても続けられませんでした。船がありませんから。

これが古い戦争です。

対して第一次世界大戦では、最初の二ヶ月でドイツ・フランス両軍の兵器、武器弾薬をすべて使い果たしました。

わずか二ヶ月です。ですから今までなら、そこで終わるはずでした。実際、第一次世界大戦が始まったころに出征した兵士たちは、「クリスマスまでには帰ってくる」という言葉を残しています。もちろん、みんな帰ってきませんでした。

何が起こったかと言うと、戦争中も兵器を生産したのです。新しく生産した兵器を次々に前線へ投入します。たった二ヶ月間でも、その間に以前にストックしていた兵器と同量、いやそれ以上を量産して投入することが可能になっていました。工業力や技術力の進歩です。それだけではありません。戦争をしながら新兵器をどんどん開発したのです。

なんだ、そんなことか、と思いますか。これはとてつもないことなのだ、ということを説明したいと思います。

第一次世界大戦が始まったときは、既述の如く、まだ騎兵、騎馬隊が陸軍の花形でした。でも戦争が終わるころには、戦車戦や戦闘機同士の空中戦が行われていました。それから毒ガス。そして潜水艦。こういった新兵器が続々と投入されていきます。

つまり戦争の形態が、常時変わっていったのです。次から次へと地下資源を掘り出して、科学力で新兵器を開発し、工業力で資源を加工して兵器にして、発達したインフラで前線に運んでいきます。

さらには兵士も、日露戦争までの「よく訓練された兵士を使う」だけでは足りません。そのあたりにいる若者を連れてきて、次々に戦場に送り込むようになりました。なぜそれができたかというと、国民教育です。

事前に国中の若者を学校に行かせ、読み書き計算を学ばせ、教師に従わせ集団行動に馴《な》染《じ》ませる。すぐ兵士になって、複雑な武器を操作できる若者が、たくさんできあがっていたのです。そしてこれを徴兵制で徴兵して、銃を持たせる。戦車に乗せる。飛行士にする。これでいくらでも兵士が作れます。

第一次世界大戦は「重い戦争」だと言われます。スピードがないのです。移動手段が基本的に鉄道しかなかったので、鉄道で兵士や物資を運んだら、その先は歩くしかありません。

結局、独仏両軍がぶつかりあって前線がそのまま止まってしまい、北の海から南の海までずーっと続くトレンチ（塹壕《ざんごう》）ができあがりました。塹壕の中で泥まみれになりながら兵士は死んでいきます。一日あたり五〇〇〇人が殺され続けました。

当時の記録映像（たとえばNHKの『映像の世紀』など）にあるのですが、あっけないほど塹壕の中でパタパタと兵士が死んでいきます。感覚が麻痺《まひ》しているのかそれどころではないのか、ある兵士が撃ち殺されても、その隣の兵士は平然と銃を撃ち続けています。あるいは両軍が激しく大砲を撃ちあった激戦地では、地面という地面が砲弾で掘り返されて、巨大な凸凹《でこぼこ》がはるか地平線まで続く、という恐るべき光景が出現しました。

そういう壮絶な戦争が行われたのです。

この新しいタイプの戦争は、事前に蓄えた兵器と兵士で戦争するのではなくて、戦争が始まってからも兵器を開発しつつ生産して投入し続け、その投入し続ける力が先に尽きたほうが負ける、そういう戦争だったのです。兵士も、ある部隊が全滅しようがどうしようが、後ろから新しいのを送り込めばいい。でもそれが尽きれば負ける。

つまりどちらかの国家体制そのものが崩壊するまで続く、この戦争が、〝total war〟です。

実はこのタイプの戦争は、早くも三〇年後、一九四五年に消滅しました。核兵器が出現したからです。核兵器を使うと一発で国家体制が崩壊しますので（場合によっては両国とも）、総力戦などできないのです。

リデル＝ハート（一八九五〜一九七〇）というイギリスの軍略家がいました。「電撃戦」を発明した一人で、天才的な軍略家なのですが、彼は一九四五年、広島《ひろしま》に原子爆弾が投下された後に、

「これで総力戦、古いタイプの戦争はもう終わりだ。これからまともな戦争は起きない。ゲリラとテロの時代になる」

と予言していました。なぜかといえば、核兵器を持っている相手に正面から戦争を仕掛けるバカはいないからです。戦争はすべて「隠蔽《いんぺい》された戦争」になるはずだ、と予言しました（リデル＝ハート『戦略論』原書房、二〇一〇年）。そして、現にそうなりました。

ですから「総力戦の時代」は一九一四年から四五年までの三〇年間と少し。それ以降、現代に至るまでは「核兵器を背景としたゲリラ・テロの時代」だと私は理解しています。

本章では満洲国の成立と、日本が暴走へ向かう要因が一つ一つそろい、ポジティブ・フィードバックのループにつながっていく状況を概観しました。

次の章ではそれらのループがぐるぐる廻り出し、加速していく様子を見ていきます。暴走の加速感を体感していただければと思います。

第三章　雪玉はだれにも止められぬ雪崩となった

軍略家石原莞爾の最終戦争論とは

暴走には社会的要因もありますが、もちろん人が主体です。本章ではまず、暴走のループを廻したキーパーソンたちについて見ていきたいと思います。

この総力戦の時代、帝国陸軍に石原莞爾《いしわらかんじ》という軍略家が現れました。第一章でもお伝えしましたが、満洲事変を起こした張本人です。当時の日本のトップエリートが集う陸軍大学校を次席で出た（三〇期）たいへん優秀な頭脳の持ち主です。

彼は陸大卒業後、一九二三年からドイツに留学します。そこで第一次世界大戦というものがどういうものか、つまり総力戦とはどういうものかを研究し、非常に深刻な衝撃を受けました。

なぜか。日本にはそもそも地下資源がないし、科学力・生産力も低いので、最初から総力戦を戦えないのです。

そこで彼はこう考えます。こうなったら道は二つに一つしかない。日本を総力戦ができる国に作り変える。それができないなら、「軍備を放棄するを有利とす」。つまり戦争はハナから諦《あきら》める。

もちろん「できない」と最初から諦めれば軍人の存在意義はありませんから、ここで石原は得意の知恵を絞ります。

彼は日蓮《にちれん》宗の宗徒でした。日蓮という人と彼の大切にした法華経《ほけきょう》の世界観は、大雑把に言えば「悪とあくまで戦う」ものです。元寇《げんこう》などの国難は、念仏や禅など末法邪教が蔓延《はびこ》る世であるからこそ起きていることで、法華経で日本を立て直さねばならない――。この日蓮の思想を、いいように言うと当代風にアレンジした、悪く言うと時代ウケを狙って歪《ゆが》めた宗教家・思想家に、田中智学《たなかちがく》という人物がいました。この末法の世に日蓮の教えを振り返り、日本を現世のユートピアにせねばならない……これこそが「八紘一宇《はっこういちう》」。この有名なキャッチフレーズを考案した人物です。その智学に石原は親しみました。

軍人としての苦悩と、この智学流日蓮世界が出会ったところで、石原にイメージが閃《ひらめ》きます。

これが有名な「世界最終戦争」論です。

総力戦の世界になった以上、世界は最終的には二つの超大国、すなわち東洋の覇者になった日本と、西洋の覇者アメリカが激突する「最終戦争」によって決着がつくだろう。そのとき人類は人口の半分ほどを喪《うしな》うかもしれないが、その後は一つの世界になり、発達した科学力で飢えも貧困もないユートピアになるのだ――。

完全に妄想です。ですが彼はこの妄想を基盤として、日本はその最終戦争に向けて総力戦のできる国にならなければならない、と思いつめます。

ではどうするか。「全支那を利用する」つまり中国全土を生産基地にし、中国（もちろん朝鮮も含む）をも包含した巨大な大日本帝国を作って、国力を爆発的に高める。中国への足がかりにはまず、地下資源豊富な満洲を領有せねばならない……満洲事変は彼のこういうロジックで準備され、共鳴する仲間が関東軍に集められ、そして実行されました。

石原のイメージの中では、最終戦争は一九七〇年前後に起きます。その際には科学力の粋を尽くした「決戦兵器」が現れており、その戦争は数日か、あるいはそれこそ数時間で決着がつく、とも述べています。

まさに核兵器です。頭のいい人は妄想もわりと当たるものです。

しかし、残念ながら妄想が基盤になっていますから、現実を見つめたリデル＝ハートほどには頭が廻りませんでした。「決戦兵器」が現れたなら、最終戦争で平和が訪れるのではなく、延々と続く隠蔽された戦争を伴う薄暗い「平和」が続く、というのが正解だったのです。

石原莞爾は敗戦後、亡くなる直前の一九四八年一一月、インタビューに答えて（このときの映像はＮＨＫで放送もされました）、

「我々日本は蹂躙《じゆうりん》されても構わないから、絶対戦争放棄に徹していくべきです」

とまで言っています。

満洲事変を起こした張本人が何を言っているのか、と不審に思われるかもしれません。しかし先述のように、満洲を手に入れて総力戦のできる国にするか、できない国でいるなら軍備も戦争も諦めるか。これは彼が一九二〇年代から首尾一貫して言っていることです。そして実際に負けたのだから諦めて、世界平和のために絶対戦争放棄に徹し、十字架を負ったイエスのように日本人は進むしかない――。これが彼のロジックでした。

石原莞爾は、日本人には珍しい、極端なまでの原則主義者であったと言うべきでしょう。

陸軍エリート、総力戦を恐れる

石原のほかにも、当時の陸軍には優れた頭脳を持ち、観戦（文字通り、実際の戦争の観戦です）や留学を通じて第一次世界大戦の本質、つまり「総力戦」を目の当たりにしたエリートたちがいました。彼らは一様に大きな衝撃を受け、その後陸軍を、結果的には日本を、変質させてしまいます。

石原とも近かった永田鉄山という人がいます。

永田鉄山。1884-1935。将来を嘱望された陸軍軍人で、統制派の中心的人物

この人は「永田の前に永田なし、永田の後に永田なし」とまで言われた俊英です。

彼は一九二一年に駐スイス公使館付駐在武官になり、欧州と第一次世界大戦の実情を理解します。帰国後、陸軍内で順調に出世しました。

彼は、旧弊な陸軍を改革するのみならず、日本全体の政治・経済・社会システムを「統制」して総力戦を戦える国に作り替えねばならない、と考えるようになりました。ですから彼を中心とするグループは「統制派」と呼ばれます。

三四年、永田は陸軍大臣・次官に次ぐ陸軍省ナンバー3、すべての官僚機構の中で最も大きな権勢を誇るポストとも言われた軍務局長にまで登り詰めます。このころには永田は、皇族を担いでクーデターを起こし戒厳令を布《し》いて、日本を完全な「国防国家」に作り替える計画まで練っていたようです。

当然、この急進的な考え方やそれに基づく権謀術数は、陸軍内部でも反発を呼びました。彼らに対抗する勢力「皇道派」は、天皇親政の下での国家改造を志向していましたから、永田らの施策を天皇の大権を侵す「統帥権干犯」だと喧伝します。

そしてこれを真に受けた相沢三郎《あいざわさぶろう》中佐が、永田を斬殺《ざんさつ》してしまうのです。白昼堂々、局長室において軍刀でバッサリ、というものでした。

さすがに相沢は後に軍法会議で銃殺刑になりますが、これによって統制派・皇道派の対立がさらに激化、これが二・二六事件に繋《つな》がり、軍部の暴走が加速していきます。

のちの企画院（内閣直属で物資動員・重要政策を企画立案する組織）総裁で満洲とも縁が深く、「背広を着た軍人」と呼ばれた鈴木貞一は戦後、「永田がいれば太平洋戦争は起きなかった」「永田さえ生きていれば東條《とうじょう》が出てくる余地はなかったのに……」とその死を惜しみました。彼はある意味、石原以上の原則主義者でありそれゆえひどく嫌われたのです。

ここで、当時の時代背景を理解するために、一九二五年に行われた「宇垣《うがき》軍縮」というものを見ておかねばなりません。

これは総力戦に刺激を受けた、ひと言でいえば陸軍の近代化です。当時の宇垣一成《かずしげ》陸軍大臣が四個師団・三万四〇〇〇人という大幅な人員削減をして、その予算を近代化、機械化に回そうとしました。

ですが師団長はじめポストが減るため、反発する勢力が生まれます。この軍縮によって

「立場を侵された」人々が、一部の陸軍首脳部に対する強い反発を抱いたのです。このため宇垣一成は陸軍関係者に恨まれます。結局、総理大臣の大命降下した際に、陸軍の反対で「宇垣内閣」は実現しませんでした。

しかしその「皇道派」にも、「総力戦」の衝撃を受けた人がいました。

たとえば参謀本部第三部長を務めた小畑敏四郎《おばたとししろう》。永田とは陸大同期で、若いころは親友でした。彼とともに「陸軍三羽烏」と謳《うた》われた俊才です。

彼は第一次世界大戦をロシア側で観戦。その際に具体的な作戦を具申して採用され、それがうまくいってロシアから感謝されたほどの人でした。

しかしその泥沼の戦いを現場にいて肌で知り、帰国後の小畑は取り憑《つ》かれたように、

「日本は短期決戦でなければもたない」

という信念で凝り固まってしまいます。

陸軍の作戦の基本をまとめた『統帥綱領』の改定に携わったのですが、その際にはなんと「兵站《へいたん》」（補給や輸送）の項目を削りました。「補給が必要になる前に戦闘を終わらせる」という意味なのでしょうが、常軌を逸した傾斜っぷりです。

ロシア（のちのソ連）の巨大な国力、総力戦の元となる総合力、これを知りすぎるほど

知った彼は満蒙問題でも「対ソ準備」をことさらに強調。中国攻略に傾く永田と激しく対立しました。

後に太平洋戦争直前、そういうバックボーンを知らない若い参謀と演習で衝突し、「なんであの人はあんなに急戦・精神論ばっかりなんだ」と辟易《へきえき》されています。

インパール作戦にガダルカナル島の戦い、太平洋戦争時の陸軍の兵站軽視はことさら批判されるところですが、その背後にはこういう極端な短期決戦志向、いわば「総力戦への恐れ」があったともいえます。

おそらく小畑は、石原と同じように日本は総力戦を戦うことができないことを理解し、その上で、総力戦を戦える国にするのではなく、短期決戦を実現する、という方向に考えたのです。

これは実のところ、欧米の軍事思想家が一致して追求していた方向なのです。

そうして生まれたのが「戦略爆撃」と「電撃戦」でした。

戦略爆撃は、第一章で述べましたが、敵の首都を一挙に壊滅させ戦争遂行の意志そのものを破壊して、長期戦を回避するものです。電撃戦は戦車と自動化歩兵とで、戦場を縦横無尽に駆けまわり、敵の通信・補給と戦意とを挫《くじ》いて軍事力を麻痺させて短期で勝利する、というものです。

しかし石原が妄想に依拠したように、小畑も何か現実性を欠いた精神論に依拠していたように思われます。このような妄想型エリートに主導されたことが、大日本帝国の悲劇でした。

石原も永田も小畑も、要は考えていることは同じなのです。

「日本は総力戦などできない」

しかしそこへのアプローチがそれぞれ違いました。石原や永田は中国を取り込んで総力戦をできる国にしようとしたのに対し、小畑はそんな高望みをせず、精神力で対ソ防衛線を何とか実現しようとしました。

彼ら自身が真剣ですし、行動力も説得力もありますから、周囲によくわかっていないシンパが群がって派閥ができ、それが陸軍内部の分裂と対立を引き起こし、二・二六事件のようなものとなって噴出。

ついには日本をあらぬ方向へ暴走させてしまいました。

短期決戦志向はさらに「物量でかなわないなら精神力だ」に繋がり、悪名高い『戦陣訓』に至ります。「生きて虜囚の辱めを受けず」というのはつまり「精神力で戦うのだから『勝つか死ぬか』しかない」という論理であり、さらにそれは「喜んで死ぬことで敵の戦意を挫く」というハチャメチャな理屈へと発展していきます。

注意すべきなのは、これが狂気なのではなく、理屈の暴走によっているということです。狂気ならば目が覚めれば治りますが、理屈の暴走は目が覚めれば覚めるほど激しくなります（以上の部分は主として片山杜秀『未完のファシズム』新潮社、二〇一二／安冨歩『ジャパン・イズ・バック』明石書店、二〇一四に依拠しています）。

自ら転がした雪玉に弾き飛ばされた石原莞爾

さて、石原莞爾は彼独自の思想に基づいて満洲事変を引き起こしました。

本来、死刑です。国民の徴兵による「天皇の軍隊」を勝手に、天皇の命令なしに動かしたのです。本当でしたら石原や板垣征四郎をはじめとする満洲事変の首謀者、関東軍を助けに行くために朝鮮軍を勝手に動かして「越境将軍」と呼ばれた林銑十郎、この人たちは全員この時点で「擅権《せんけん》の罪」で死刑になるべきでした。

ところが彼らはみんな出世したのです。石原莞爾は参謀本部作戦課長に栄転しました。エリート中のエリート、英雄扱いです。

確かに、二〇万から三〇万と言われる張学良軍を、一万ほどの関東軍と増援の朝鮮軍であっという間に蹴散《けち》らし、日本の面積の三倍ほどある満洲全土を占領したのですから、あくまでも「軍事的にみれば」歴史に残るような大手柄です。

しかし、これが何よりもよくなかったのです。これで「あ、なにやってもいいんだ、独断専行でやって、擅権だろうと何だろうと結果オーライだったら出世するんだ」と軍人がみんな思ってしまいました。


石原はその後、作戦部長に昇進します。

ちょうどそのころ、内蒙古の分離独立工作（漢人の建てた中華民国に対してモンゴル人による自治を求める運動が起き、清朝以来続く満洲・モンゴルの友好関係から、それを日本が支援）や日中戦争の不拡大方針の無視（撤退する中国軍を追撃、当時の首都南京に迫る）など、とにかく中国戦線がどんどん拡大していきました。そのときには逆に、石原はほとんどたった一人、全力でこれを止めようとしていました。

彼の論理でいくと、満洲事変ですら失敗であり、この上、中国に今攻め込んでも何もいいことはない。つまり日本国を、「総力戦において国防を自力でできる国」にするという点では、これらの戦争は何の効果もないというわけです。

しかし、関東軍へ「お前らいいかげんにしろ！」と説得に行きましたら、現地参謀の武《む》

藤章《とうあきら》（のち戦犯として死刑）あたりに、

「何をおっしゃるんですか、私は閣下がやったことと同じことをしているだけです」

と言い放たれ、同席の若手参謀も大笑いする、そんな有様でした。

このように、作戦部長が関東軍参謀を止められない、つまり陸軍自体が陸軍を止められません。勲章と出世欲しさに暴走します。で、暴走を止めようとすると、止めようとしたものが弾《はじ》き飛ばされる――これが繰り返されます。


石原はこのように重要ポストで一人、不拡大方針を喚《わめ》き散らすものですから、イケイケの陸軍中枢に疎まれます。参謀本部からまた関東軍参謀副長に左遷されました。

ところがまた間の悪いことに、参謀長が東條英機《ひでき》でした。石原は自分の意見を理解しようともしない東條英機を、徹底的に馬鹿にしました。

石原を始め永田、小畑には総力戦に対応して日本をどんな国にすべきか、というヴィジョンが、形は違えどありました。が、どうも東條を見ていますとそういう絵が見えません。

先ほど鈴木が嘆いたように、彼は目の前の問題を高速・高効率で処理するのが得意な、高級官僚タイプの人材だったようです。

しかし永田が殺されたり石原が疎まれたりしたように、確固たる意見を持つ人物よりも、臨機応変に対応する、原則のない人間がするするすると漁夫の利を得て出世したりするものです。

「あの人にしといたら無難やな」

というポスト配分は、今でも普通に行われています。

またこういう生真面目なタイプは、上官に対してズケズケとモノを言う石原のようなタイプは許し難いのでしょう。

東條が出世するにつれて石原は疎まれ、ついに予備役（現役を引き一般社会で生活する軍隊在籍者。在郷軍人）に回されます。

太平洋戦争勃発当時は立命館大学で国防学の講師をしていました。開戦の一報は講演に行く宇高連絡船の上で聞いたそうです。授業の中でも「油が欲しくて戦争する馬鹿がいるか」と口を極めて批判していたのですが、あまりに偉い人だったので憲兵も捕まえられなかったそうです。お腹立ちもごもっとも、彼にとってみれば何の意味もない戦争が、目の前で繰り広げられていたのです。

最初に雪玉を転がしたのは確かに石原莞爾でした。

しかし、結局、彼の転がした雪玉は、ポジティブ・フィードバック・ループを完成させ、作動させてしまいました。最後のところを繋いでしまったのです。

軍人の暴走を止められないような国家機構になっているところに、軍人の暴走を正当化する論理を埋め込んでしまいました。それによって軍隊の暴走が始まると、軍隊自体が軍隊を統御できなくなりました。その軍隊を政治家は止められない。こういう状態になっていきます。

あたかも石原が雪玉を転がしたことが原因となって、大きな雪崩《なだれ》が起きたように見えます。しかしこの雪崩は、雪玉を転がした本人が考えていたのとまったく違う方向へと流れ、石原を弾き飛ばし、ついには日本を、大日本帝国を滅亡させてしまいました。

ですから、こういうシステムは作動しはじめると、それがどこに行くのか作動させた本人にもわからないのです。そもそも作動させた本人も、雪崩に吹き飛ばされてしまいます。それを石原莞爾の運命は明らかにしています。

開拓しない開拓団

石原莞爾は満蒙開拓団にとっても決定的な役割を果たしています。満蒙開拓団とは、一九三一年の満洲事変以降、四五年の敗戦までに満洲および内モンゴル地区に、国策として送り込まれた入植者約二七万人のことを指します。

石原はもともと、満洲を日本の領土とし、そこを生産基地にしようと考えていました。

しかし軍の上層部や政治家が、英米協調路線の昭和天皇とその周辺の宮廷官僚の反応や国際的な反発や非難を考慮して、領有はマズイ、満洲国という傀儡《かいらい》国家にする、と決定してしまいました。

これで石原はすっかりやる気をなくし、「なんだ、だったら満洲事変なんて起こすんじゃなかった、こんなもの全部中国に返せ」などと言い始めて、みんなに疎まれて満洲国から弾き出されます。

弾き出される前に石原は、「関東軍を撤退させろ」と言っています。残っている中国人や日本人、彼ら自身が「満洲国」という新しい国を作っていかなければダメだ、日本の限られたリソースを割く余裕はないと。

ただ、関東軍を撤退させますとゲリラもいますし、ソ連も北にいますから、治安維持の問題が起きます。そこで現地軍を作る必要がある。もちろんそこには日本人を入れておく必要もあるというのです。

ここに、東宮鉄男《とうみやかねお》という軍人が登場します。張作霖爆殺事件で爆破スイッチを押した人なのですが、彼はずっと「満蒙開拓移民」という構想を持っていました。

国境付近に「開拓団」を定住させることで、非常時には防衛拠点・補給基地として活用できるうえ、国境付近の匪賊《ひぞく》（馬賊）が周辺の一般民衆と結びつくことを抑制できます。

「武装農業移民」というものです。

具体的には、吉林《きつりん》軍を屯墾化（普段は田畑を耕し緊急時は兵士になる）して、これと日本人在郷軍人を合わせて「屯墾軍基幹隊」というものを創設しましょう、と言います。

総力戦の時代に屯田兵のようなものを構想するとは、ずいぶん時代錯誤だと私などは感じるのですが、「治安維持」が目的なので理屈がつながっていたのでしょう、石原は賛成します。そこで彼を、加藤完治《かとうかんじ》というちょっと怪しい人物に紹介しました。

加藤は東大出で内務省に勤務後、水戸《みと》の農業訓練所所長などを経て日本国民高等学校を設立、農民子弟教育にあたっていました。剣道家でもあり、武道による人間教育を唱えています。彼は当時日本人を河北《かほく》省に移民させる働きかけなどをやっていたのですが、うまくいっていませんでした。

ところがここで石原莞爾という英雄が後押しする、ということで物事が急転直下で決まります。三二年七月に東宮と加藤を引き合わせたのですが、一〇月にはすでに試験移民が実現していました。

この第一次移民の四九二人は、在郷軍人会所属の独身男性からなる武装農業移民団でした。石原が開拓団を入れようと考えたのは、関東軍の撤退後の治安維持のためです。武装移民団はいつでも軍隊になるわけですから、この石原の設立意図に合致しています。

ところが実際にその後、開拓団が転がっていった方向はまったく逆です。関東軍の代わりではなく関東軍の盾にするために、若者を含む日本人の男子と日本人の家族を入植させる――そんな方向へ進みました。もちろん石原莞爾は想像もしていなかったことでしょう。ここでも彼の、「ヴィジョンを持って何かを動かし始めたら、ぜんぜん違う方向に転がっていってしまった」という運命が発動しています。

この移民政策というのが、本当に無茶苦茶なものでした。いろいろ屁理屈《へりくつ》はあるのですが、三六年五月に関東軍で作られた「満洲農業移民百万戸移住計画」がベースです。

どういうものかというと、二〇年後には満洲の人口が今の三〇〇〇万人（実はすでに四〇〇〇万人いましたが、当時は間違ってそう思っていました）から五〇〇〇万人ぐらいに増えるだろうと。そうするとそのうちの一割、五〇〇万人ぐらいは日本人、大和民族が占めて「五族協和」（日、漢、満、蒙、鮮）のリーダーにならないとね、という、本当に意味も訳もわからない計画です。なぜ一割なのか、どこにも説明がないのです。

二・二六事件後、広田《ひろた》内閣はこれを「二十ヵ年百万戸送出計画」として七大国策一四項目の中に入れました。五〇〇万人＝一〇〇万戸ということです。

これには実は、男子を対ソ戦に動員できるようにしておきたい、という意図も含まれていました。この段階の関東軍には、シベリアへの侵攻の意図があったのです。

またこちらから攻めて行かなくても向こうから攻めてきたときに、日本から徴兵して連れて行くのは大変だしタイムラグが発生するので、前もって配置しておく、そういう意図です。

つまり「開拓団」という名前がそもそも非常に欺瞞《ぎまん》的なのです。開拓でもなんでもなく、単に「日本人をそこへ置いておきたい」というものでした。そのためにすでにそこにいた中国人から畑を、家を買い叩き、あるいは暴力で追い出して、そこへ無理やり連れて来た日本人を突っ込む――こんなことを「開拓」と呼んだのです。

欺瞞あるところ言葉の乱れが起きます。現実をそのまま表現すると欺瞞がバレてしまうからです。言葉の方を歪めます。

私はそれを「東大話法」と名づけてかなり詳細に研究したのですが（『原発危機と「東大話法」』など）、もちろん東大関係者以外も使います。植民地や戦争は欺瞞の塊です。有名なところでは「撤退」を「転進」、「全滅」を「玉砕」、「強制自殺爆撃」を「特別攻撃」などです。

逆に言うと、「なんだかおかしな言葉が使われている」ところには欺瞞があり、その背後にはこうした暴走があるのです。

開拓団の結末は、本当に悲惨なものでした。

一九四五年八月九日、日ソ中立条約を破ってソ連が攻めてきました。ソ連軍の戦車が地平線を埋めるようにワーッとやってきます。開拓団壮年男子全員に緊急召集が掛かりました。

ところが前線に集まったはいいものの、武器も何もないのです。武器がなくてはどうにもなりません。そもそも彼らは初期の在郷軍人と違って、簡単な訓練しか受けていない農民なのです。ただただソ連の戦車の餌食《えじき》になり、生き残った者は捕虜になっただけでした。そしてシベリア抑留――多くの人が帰ってきませんでした。

ではなぜ、そんな状態で召集したのでしょうか。

「いざというときに動員するために連れて行って、いざというときが来たから」でしかありません。典型的で致命的なお役所仕事です。まるでわざわざ、シベリアで強制労働させるために日本から連れて行ったようなものです。

「まったく意味がない」ならまだよくて、「自分たちで悲劇を創り出した」のです。

この点はまたのちほど考えます。

破綻する傀儡国家

混乱が極まったこの時期には、いろいろと信じられないことが行われています。「供出」つまり食糧を出せ、ということで満洲国政府機関が満洲国内で強引に買い付けました。開拓団が飢えるほど買い上げるのです。中国人や朝鮮人からも全力で買い上げます。どうやって買ったかというと、大量に紙幣を刷り、それをバラまきました。日本人には様々な圧力をかけて供出させ、あとは暴力で無理やりです。当然、すさまじいインフレーションが起きます。さらに人々は苦しみます。

こうまでして買い付けた米や大豆がどうなったかというと、満鉄の駅に積み上げられて、そのまま腐っていました。なぜか。貨車が足りなかったのです。激しい戦争で、貨車をあっちこっちに持って行っていましたので、運べないのです。

満鉄が運べたとしても、大連でストップです。船がないのです。じゃあ、ということで朝鮮半島までがんばって持って行きました。やっぱり船がありません。それに日本海ですら制海権がもうありませんでした。アメリカの潜水艦がウロウロしているのです。貨物船なんかすぐ沈められてしまいます。

朝鮮の港でそのまま腐りました。ものすごい量の供出がインフレと民衆の犠牲によって行われたわけですが、それらの多くを腐らせました。だったら集めるなよ、と思うわけですが、必死で集めました。

すべてが無駄、いや無駄以下の、戦争遂行の足を引っ張るような利敵行為でした。

さらに酷《ひど》いのが、先ほど少し説明しましたが、その満鉄、鉄道の例です。

一九三七年から日中戦争になります。「国家総動員計画」や「物資動員計画」というものを作り、限られた日本の資源を効率よく使おうと計画して、さまざまな商品を統制していったのです。

当然、鉄などは最重要物品なので特に不足しています。強く統制されていました。ところがこの貴重な鉄を、満鉄は満洲にどんどん持っていって、レールにして敷いたのです。あるいは、汽車や貨車を造りました。

では、その鉄道で何を運ぶのか。前に見た地図のように、「軍事目的」というお題目で無人の荒野を走らせています。

資金にしても、満鉄は日本の資本市場の一割から二割を吸収していました。日本の貴重なお金と物資を突っ込んで、必死になって鉄道を敷いて、それらは結局、役にも立ちませんでした。もちろん戦後はそれらをすべて置いて帰ってきました。中国人の手にわたったのはまだ良かったのですが、かなりの量の車輛や線路を、ソ連軍が「戦利品」と称して持って行ってしまいました。

こういう愚かなことを、延々と、かつ必死でやっていたのです。

長野《ながの》県は天竜川に、平岡《ひらおか》ダムというダムがあります。一九三八年に建設が始められました。建設のための労働力が必要です。

ところが地元の泰阜《やすおか》村からは、人間を絞り出すようにして開拓団を送り出しているのです。結局人手が足りないので、中国人や朝鮮人を無理やり連れてきて働かせました。太平洋戦争中は連合国軍の捕虜まで強制労働させていたそうです。

だったら、開拓団なんか出さずにここで働かせた方がいいではないですか。

いやそもそも、なぜそんな時期にダムを造るのでしょうか。戦争中です。その労働力とコンクリートで、戦地にトーチカの一つも造った方がいいのではないですか。

そればかりか戦争末期に、空襲で焼け出された被災者を、開拓団として満洲にわざわざ連れて行ってさえいるのです。被災者救済と開拓推進の一石二鳥というわけですが、貴重な貨物船や貨車を使って、敵の潜水艦をかいくぐり、どうしてそんな悲惨なことをする必要があるというのでしょう。

つまり「満洲国」で行われていた統治、行政、これを見ているとこんな具合に、何か全体にトンチンカンなのです。

むしろ最初のころ、満洲事変が起きて大混乱しているころはなんとか治安を維持しないといけない、とがんばるのです。先ほどの馬場八潮《ばばやしお》さんの写真のように、吹雪を突いて斜めになりながら宣撫《せんぶ》隊が行き、県参事官や満洲中央銀行職員がやってきて、県流通券を回収してゲリラの資金源を断ったり、確かに意図は「日本の支配のため」ではありますが、「きちんと」仕事をやっているわけです。理屈は通っていますし後世の者が見てやりたいことはわかります。

ところが満洲国が成立してある程度落ち着いてきて、日本から大量に官僚がやってくると、だんだんおかしくなっていきます。

その例をさらに二つほど挙げてみます。

デタラメな金融

満洲国は傀儡国家とはいえ国としての体裁が必要ですから、通貨を発行しその価値を維持管理する中央銀行が必要です。その満洲中央銀行（満中銀）は建国後すぐ、三二年七月に開業しました。

まず最初は前章で見ました中国系諸通貨回収、「幣制統一」に奔走しました。代わりに発行したのは「国幣」です。

お金を刷るには裏付けとしての「正貨準備」が必要です。なんの裏付けもないお金はだれも信用しないので流通しないか、無理に押し付けるとハイパーインフレが起きたり、他通貨が闇で流通してしまい、混乱が増します。

ですから、たとえば金塊を金庫に積んで「いざとなったらこれと換えますので、安心してその紙幣を使ってください」と宣言するわけです。このように安心してもらえるよう、国が発券準備制度を整えます。この場合は満洲国の背後にある日本が考えました。

日本はそれ以前に朝鮮と台湾を植民地化していましたから、そこに中央銀行である朝鮮銀行と台湾銀行を設立し、それぞれ独自の「円」(漢字は「圓」)を発行させていました。つまり、日本の勢力圏内では三種類の円が出回っていたことになります。これは植民地でいざ何かが起きたら、その部分を切り離して本国への影響を少なくするための措置です。

満中銀の発券準備制度ですが、これをこの朝鮮銀行と台湾銀行と比べてみると、少し様子が違います。

朝鮮銀行、台湾銀行には、正貨準備に対応する紙幣発行のほかに、「保証準備」という正貨より価値の劣る資産を担保とした発行が認められていて、その発行額に限度が設けられていました。そして緊急時には、「限外発行」といって、さらにそれを超えた紙幣を暫定的に発行するための規定がありました。

紙幣発行が「正貨」「保証」「限外」と三段階になっていたのです。

ところが満中銀は、これと違う恰好《かっこう》になっていました。

・限外発行規定がない。発行限度を超えて発行する際の取り決めがない。
・朝鮮銀行および台湾銀行の保証発行額に絶対額制限があるのに対し、満中銀では「発行総額に対する三割の正貨準備」を満たせば保証発行が可能。
・外国銀行に対する預ケ金《あずけきん》が正貨準備として認められる。
・朝鮮銀行・台湾銀行の準備制度が朝鮮銀行法・台湾銀行法で定められているのに対し、満中銀では満洲中央銀行法ではなく、満洲国の貨幣法において定められている。

といった点です。

簡単に言うと、制限がゆるいのです。その結果、朝鮮台湾両行が、紙幣発行の準備内容や発行額を変更するのに法改正を必要として大変苦労していたのに対し、満中銀は、「貨幣法の解釈を変える」ことで正貨準備の定義をどんどん拡張していくことができました。

次頁の表を見てください。

◇貴金属

まずこれは円ブロック以外との取り引きに使える筋目のいい準備です。

◇朝鮮銀行券

これらは以前から満洲で流通していた通貨です。
ここまではいいのですが、次に出てくるのが、

◇日本公債

三七年からです。この根拠は「日本国債を担保とする日銀からの借入契約」の締結です。これにより、「日本国債を担保にすれば日銀から日本円を借りられるわけだから、日本国債≒日本円（外貨）だよね」ということになって、正貨準備に組み入れられました。

◇満洲国公債

（単位百万円）

1938年末	1939年末	1940年末	1941年末	1942年末	1943年末	1944年末	1945/6末	1945/7末
23,373	13,481	847	3,080	10,241	6,391	15,400	0	0
6%	2%	0%	0%	1%	0%	0%	0%	0%
7,000	4,000	11,000	39,500	8,500	3,000	0	0	0
0	0	0	0	0	0	0	0	0
7,000	4,000	11,000	39,500	8,500	3,000	0	0	0
2%	1%	1%	3%	1%	0%	0%	0%	0%
108,023	106,781	106,781	106,661	448,322	600,824	711,000	611,000	611,000
25%	17%	11%	9%	27%	20%	12%	9%	8%
77,913	199,726	249,861	292,265	139,961	461,194	628,000	578,000	578,000
18%	32%	26%	23%	8%	14%	11%	8%	7%
0	0	0	0	0	0	335,000	1,355,000	1,355,000
0%	0%	0%	0%	0%	0%	6%	18%	17%
216,309	323,988	368,489	441,506	607,024	1,041,409	1,689,400	2,594,000	2,594,000
51%	52%	39%	35%	36%	35%	29%	34%	32%
209,428	227,932	371,143	661,722	720,776	624,382	0	0	0
49%	37%	39%	53%	43%	21%	0%	0%	0%
0	71,701	207,417	158,304	341,832	1,345,397	4,187,454	5,115,342	5,491,042
0%	12%	22%	13%	21%	45%	71%	66%	68%
209,428	299,633	578,560	820,026	1,062,608	1,969,779	4,187,454	5,115,342	5,491,042
49%	48%	61%	65%	64%	65%	71%	66%	68%
425,737	623,621	947,049	1,261,532	1,669,632	3,011,188	5,876,854	7,709,342	8,085,042
425,738	623,621	947,051	1,261,532	1,669,632	3,011,188	5,876,854	7,709,342	8,085,042

これも同じく日銀からの借入契約締結によって正貨準備になりました。「満洲国国債を担保にすれば日銀から日本円を借りられるわけだから、満洲国国債＝日本円（外貨）だよね」という無茶苦茶な理屈です。

しかも、ここにはさらなる問題があります。

この契約においては「日銀の与信枠設定」によって満洲国国幣建て国債が「外貨」と見なされるのですが、そうである以上「外貨」として正貨準備に組み入れられる満洲国国債の額は、その日銀与信枠を超えないはず

	1932/7/1	1932年末	1933年末	1934年末	1935年末	1936年末	1937年末
貴金属	27,210	41,864	38,146	37,815	50,230	58,180	74,202
貴金属／総準備（%）	19%	28%	30%	23%	28%	23%	24%
朝鮮銀行券	30,916	24,061	24,000	31,045	42,000	119,000	92,000
横浜正金銀行券	22,361	11,923	5,421	5,958	0	0	0
小計	53,227	35,987	29,421	37,003	42,000	119,000	92,000
小計／総準備（%）	38%	24%	23%	22%	24%	47%	30%
日本公債	0	0	0	0	0	0	41,895
日本公債／総準備（%）	0%	0%	0%	0%	0%	0%	14%
満洲国公債	0	0	0	0	0	0	0
満洲国債／総準備（%）	0%	0%	0%	0%	0%	0%	0%
対正金貸付金	0	0	0	0	0	0	0
対正金貸付金／総準備	0%	0%	0%	0%	0%	0%	0%
正貨発行合計	80,490	77,849	67,567	74,818	92,230	177,180	208,097
正貨準備率（%）	57%	51%	52%	44%	52%	70%	68%
公債・手形	15,100	47,900	50,190	72,069	86,425	77,062	99,393
公債・手形／総準備（%）	11%	32%	39%	43%	48%	30%	32%
民間有価証券	46,645	26,116	11,465	21,445	0	0	0
民間有価証券／総準備（%）	33%	17%	9%	13%	0%	0%	0%
保証発行合計	61,745	74,016	65,655	93,514	86,425	77,062	99,393
保証発行比率（%）	43%	49%	48%	56%	48%	30%	32%
総計	142,235	151,865	129,222	168,332	178,655	254,242	307,490
総発行額	142,235	151,865	129,224	168,333	178,656	254,243	307,490

満洲中央銀行の紙幣発行準備（安冨歩『「満洲国」の金融』）

です。しかし三九年にはすでに借入契約限度を超えていました。

つまり「貨幣法からの逸脱」が常態化していました。

しかし一番の問題は最後のこれです。

◇対正金貸代金（横浜正金銀行への貸付金）

四四年から。この年から「軍費現地調達」が始まります。

そこで満中銀は、日本の外国為替専門政府系銀行である横浜正金銀行の満洲の支店に貸付を行い、横浜正金がそれを関東軍に貸し付ける、という形を取りました。

これによって満中銀は、日本円が不足した場合、この横浜正金への債権を担保に日銀から円を借りられる、ということになっていました。この裏付けがあるので、横浜正金への貸付も正貨準備である、と。

しかしこれは言い換えれば、

「自分が貸した金を正貨準備としてお金を刷る」

ということでもあり、関東軍に満中銀がお金を貸せば貸すほど、正貨準備が積み上がって、満中銀はさらにお金が刷れる、というわけのわからない状態です。


つまりこれらは形式上「発行額の三割の正貨準備」があるように見せかける手練手管に過ぎず、実情として満中銀はいくらでもお金を発行できる状態でした。こんなことをするなら貨幣法など無視して、好き放題にやればよさそうなものですが、妙なところで名目上、決まりを守っているところが気持ち悪いのです。

こういった過剰発行がもたらす信用低下だけではなく、日本からの軍事費を中心とした日本円の急激な流入などが要因で、「通貨価値を維持する」という中央銀行の最重要ミッションは結果的に果たされませんでした。満中銀には日本からも多数の金融エリートが出向させられており、その奮闘もむなしく終わりました。

一国の経済活動の司令塔である中央銀行が、率先して規律を守っていないのですから、満洲の経済がまともに廻るはずもありません。

ここにも「満洲国」のトンチンカンさ、物事の道理や論理を超越してあらぬ方向へ暴走する姿が見て取れます。

ちなみにこの、会計上の裏技のような技術を駆使してお金を捻出《ねんしゅつ》する、という作戦は戦時中さまざまに活用されました。日中戦争から太平洋戦争敗戦まで、戦費はわかっているだけで七五五九億円、現在の貨幣価値に換算するのは難しいですが、数百兆円に至ると考えるべきでしょう。

実は満中銀はまだ優等生で、中国や東南アジア各地に設立した傀儡発券銀行は、もっと壮絶に通貨発行を行い、文字通りのハイパーインフレーションを惹起《じゃっき》したのです。あれだけ広大な戦線の太平洋戦争を四年近く日本が戦えたのは、こういう技によって、

「(価値のない札を刷ってそれを押し付けることで)現地経済から収奪する」

「(結局最後の担保はだいたい国債になるので)将来にツケを回す」

ことを巧妙にやったからだと思います。

脈々と受け継がれる錬金術

この芸は今も脈々と受け継がれているようです。たとえば二〇一五年三月、経済産業省は「原発の廃炉会計制度」についての見直しを有識者会議に諮《はか》り（もちろん好きなように集めた「有識者」ですから、経産省の思う通りの結果しか出ません）、原発の廃炉費用を電気料金に転嫁すると決定しました。

原発の廃炉はこれまで、電力会社が特別損失を出して処理してきました。事実、東京電力の福島第一・一号～四号、中部電力の浜岡《はまおか》一、二号はそのようにしています。

それがこれからは、

「もうけは電力会社（とそこへ天下る俺たち経産省役人）、コストとリスクは国民持ち」

ということです。

こんな国民全員の生活に直結する重大なことを、しかもこんなあからさまな特定の事業者や自分自身への利益誘導を、そもそも「資本主義」の原理からも外れるようなメチャクチャを、「経済」産業省が独断で、一応は国会の論議を経る法律の改正ですらなく、省令改正一発でサラッと・コソッとやってしまう。

これが満洲国のころから変わらない、日本の官僚の恐ろしさです。

ここはあとでより詳しく論じたいと思います。

さらに言うと、日本にはいまも国家予算に「特別会計」という一般会計とは別枠で独立会計がなされているお金があります。

特別会計自体は昔からあるものです。独立事業として損益を明らかにしやすい保険やエネルギーなどの部門を分離することで、むしろ一般会計をスッキリ見通しよくさせる、これが本来の目的です。

しかしこれがどうも不透明なものなのです。毎年、一般会計に対して数倍と言われる巨額のお金が動きます。二〇一四年度で一般会計約九六兆円に対し、特別会計は実に約四一一兆円。財務省は重複を除くと約一九五兆円だ、うち国債償還費・社会保障給付費・地方交付税交付金・財政融資資金・復興経費などを除くと約五・八兆円だ、と説明していますが（財務省ウェブ）、はたして信じていいものでしょうか。

財政をわかりやすくするはずの特別会計が、複雑怪奇になっていること自体、何かがおかしいのです。いかに傀儡国家とはいえ仮にも一国の中央銀行が、先ほど見たようなご都合主義の管理をしていた歴史を見るにつけ、私は小首を傾げるばかりなのです。

特別会計については石井紘基《いしいこうき》さんという政治家・財政学者が詳細な研究をされています。若かりしころソ連に留学して博士号を取得し、早くも七〇年代にその崩壊を予言した慧眼《けいがん》の持ち主で、衆議院議員当選三回。国会で政府支出の無駄遣いに厳しく切り込み、「爆弾発言男」と呼ばれました。その鋭い目がだれかにとって邪魔だったのか、二〇〇二年、自宅の庭先で暗殺されてしまいました。

ご興味ある方は彼の名著、『日本が自滅する日』を読まれるように強くおすすめします。石井紘基さんが描き出した日本国の姿と、私の知っている満洲国の姿とは、あきれるほど似ているのです。

関東軍の圧力に苦しむ満洲重工業開発

話を戻しましょう。

そうやって刷ったお金を、特に大戦末期に大量に吸い込んでいったのが、満洲重工業開発（満業）です。この国策会社の運命も波乱に満ちています。

石原莞爾たち関東軍は、満洲国が成立したにもかかわらず総力戦体制の構築が進捗《しんちょく》しないことにイライラしていました。業を煮やした石原は、満鉄のブレーンに命じて各分野の生産量を飛躍的に伸ばす計画を作らせます。これがもとになって有名な「満洲産業開発五箇年計画」が成立します。一九三七年四月に実施されました。

最初から過大な目標値でしたが、実施直後の七月には日中戦争が勃発して、すぐに修正案が出され、より壮大な目標値になりました。

銑鉄（製鋼や鋳物に使われる、高炉で鉄鉱石を還元して取り出した鉄）が八五万トンから四五〇万トン、石炭が一一七〇万トンから三[illegible]一〇万トン、鉛、アルミ、電力……九年で三倍や五倍などという無茶な値です。それまでゼロの自動車や飛行機を量産しろ、ともあります。

目標値のファンタジー性を見てもわかりますが、このようなものに緻密《ちみつ》な調査や研究の裏付けがあるわけはありません。満鉄職員が鉛筆ナメナメ、「まず飛行機を一万機作りま～す」「そのためには鉄がこれぐらい必要ですからこのぐらい作りま～す」「そのためには石炭が……」というような適当なものです。

「これだけ要るからこれだけ作ってくれ」で「はいできました」となればこんな幸せなことはないのですが、世の中そうはなりません。

まさに後年の毛沢東の大躍進政策、「三年で米英を追い越す」という無謀な目標を掲げた経済計画が悲惨な失敗に終わり、数千万と言われる餓死者を出した、あのノリです。

こんないい加減なものなのに、この計画が出ると満洲全体が盛り上がりました。そうすると今度は、日本の資本市場でも株や社債が投資家に飛ぶように売れ始めます。戦争中ですよ。なぜこんな投資をするのでしょう。ほかにやるべきことがたくさんあると思うのですが……。

ともかく資金は集まります。これを満洲へ持って行って、工場を建てたり、炭鉱を掘ったりが始まりました。その中心にあったのが、満洲重工業開発（満業）です。創業者は鮎《あい》川義介《かわよしすけ》。日産コンツェルンの総帥です。

実はその当時、税法が改正されて株の配当に税金が掛かるようになり、「持株会社」が成立しにくくなっていたのです。子会社の株の配当が生じると税金を取られて、それを親会社が配当するとまた税金を取られる。親会社が二度取られてしまう。

これではやってられないから、日産本体を解体して、株主に株を返してしまおうかと考えていたときに、うまい話が舞い込みました。折しも、日本が中国から租借していた満鉄附属地を「独立国」たる満洲国に「返還」する、という茶番劇が行われようとしていました。鮎川は関東軍・満洲国政府と語らって、持株会社・日本産業の登記を満鉄附属地に移し、そのまま満洲国に「返還」してもらうことで、日本国の税法改正をすり抜けることに成功したのです。つまり満業は、日産財閥の税金対策のために作られたのです。

かくして満洲国に移籍した日産を改組して、満洲重工業開発を設立しました。

また関東軍も、満洲国の経営から南満洲鉄道（満鉄）の影響力を下げていきたい、つまり自分たちの思う通りにしていきたい、という欲求がありましたので、ここで両者の思惑が一致しました。満鉄に圧力をかけて、有力子会社を強引に満業に売却させたのです。

満鉄から譲り受けた昭和製鋼所などは中国東北部全域から鉄鉱石を集め、満洲国内の半分を超える生産量を誇りました。日本製鐵《せいてつ》の八幡《やはた》製鉄所と並ぶ世界屈指の製鉄所です。

鮎川が満洲に渡ったのは、アメリカの資本をここに導入して、最新式の重化学工業コンプレックスを構築する、という夢を描いたからでした。

注意していただきたいことは、一九三七年の段階でも、そういう夢を描く可能性がまだあった、ということです。この段階で引き返していれば、アメリカと戦争する必要など、どこにもなかったのです。

ところが意味のない中国での紛争を陸軍の愚かな軍人どもが、自分たちの立場を守ることと勲章目当てに拡大したため、そういう可能性は急速に失われていってしまいました。

そして事もあろうに、この満洲重工業開発に対し、とにかく関東軍が口を出すのです。満鉄がビジネス上まったく不要な赤字路線を敷かされたように、ああしろこうしろと関東軍の軍人の思いつきで、意味のないことばかりやらされるのです。

結局、まったくもうかりません。赤字を出しては本体の日産の子会社の利益でカバーする、というような状態に陥りました。そればかりか日本からポンコツの機械の払い下げを受けてなんとか生産を続けるような状態でした。

すっかり嫌気がさした鮎川は四二年、東洋製罐《せいかん》から鉄の買い付け交渉に来てそのまま鉄生産の手伝いをさせられていた副総裁・高碕達之助《たかさきたつのすけ》にバトンを押し付けて帰ってしまいます。あとでお話ししますが、高碕達之助は、実に偉大な人物で、彼を満洲に連れてきたことが、満洲重工業開発の唯一の意味だったのではないか、とさえ思います。

こんなトンチンカンな有様でしたが、軍部＝政府は、先ほどの満洲中央銀行を経由してジャブジャブとお金を注ぎ続けました。この五箇年計画のあと、懲りずに第二次五箇年計画が立案されますが、これはほぼ完全に絵に描いた餅《もち》でした。

この三七年から四五年までの間に起きたことをまとめますと、こうです。

ほぼ純粋な農業国だった満洲国で、地下資源を利用した重工業化を急激に推進します。しかし無理やりだったために極めて効率の悪いものでした。そこへ戦況悪化に伴って食糧不足に陥った日本から「お前、工業はもういいから食糧作れ」という感じで食糧増産を求められ、再び農業分野が強化されます。というより、農民からの収奪を強化しました。

こんな紆余《うよ》曲折を経ました。

莫大《ばくだい》な資金投入によって作られた工場や炭鉱は、具合の悪いものや未完成のものも多かったのですが、敗戦後、それらはすべてそこに置き捨てて帰るしかありませんでした。

あるものはソ連が運び去り、あるものは新中国が直して再生させます。先ほどの昭和製鋼所などはソ連に施設を持ち帰られ、国民党軍と共産党軍が奪い合ったためにさらにダメージを受けました。最後に共産党傘下に入り、必死の生産再開の努力が始まります。この過程では残留した日本人技術者が中国人と協力して働きました。

やがて「新中国」の成立とともに新生した「鞍山《あんざん》鋼鉄公司」は、驚くべき速度で復旧を果たし、長らく中国最大の製鉄工場でした（現在でも中国屈指の規模です）。この過程は、岡山《おかやま》大学の松本俊郎《まつもととしろう》先生の名著『「満洲国」から新中国へ』（名古屋大学出版会、一〇〇〇）で明らかにされています。

「やめられない」戦争の原因とは

こうした満鉄や満業の資産の行く末を指して、

「戦前・戦中、日本はものすごい投資を満洲にした。それが後の工業化を促進して、新中国の発展の基礎にもなった」(だから日本は偉いのだ……)

という説を唱える方もいます。確かにある一面ではそうかもしれません。

でも私はそういう論に対しては、

「どうしてそんな余計なことをしたのですか」

と問いたいのです。

本当に戦争に負けたくないのであれば、その資本とその資源で、日本で工業生産をしていたほうがはるかに効率的だったはずです。それで戦闘機を作ったり高射砲を作ったりしていたほうがまだマシでした。そんな忙しいときに、一体なぜ、無人の荒野を走る鉄道や効率の悪い工場を作り続けたのでしょう。

逆に、そういう壮大な計画を実行するのであれば、決して戦争なんかやっている暇はありません。

日本を本気で総力戦のできる国にしたかったのであれば、まずは満洲国を鮎川の描いたような最先端の重工業コンプレックスにすることは不可欠であって、そのためにはアメリカとの関係を全力で改善し、その資本と技術を導入しなければならないのであって、それにはまずは中国本土から撤兵しなければなりませんでした。もちろんそうしたからといって、アメリカが投資したかどうかは別問題ですが、その可能性はありました。

繰り返しになりますが、満洲事変の混乱期には、そこそこ合理的な、筋の通った政策を行っていました。合理的というのは、日本による支配の確立という目的のために合理的、ということです。もちろん私は、満洲事変など起こさないほうが、日本にとってもっと合理的だった、と考えています。その上でのことです。

ところが、満洲国が成立して日本との一体化が進み、制度やら体制やら法律やらが整ってくると、やることなすことトンチンカンになり始めます。そしてそのトンチンカンを正当化するために、ものすごいエネルギーを注ぎ始めて、やらなくていいことや止めた方がいいことを必死でやり続ける、ということばかりになってきます。

もっといえば、大日本帝国を滅ぼした太平洋戦争を招いたものは、暴走して泥沼化した「やめられない」日中戦争です。日中戦争が解決できないから、やけっぱちになってアメリカやイギリスに戦争を仕掛けたのです。

そしてその日中戦争を招いたのは、満洲事変であり、満洲国の存在です。いくらでも引き返すチャンスはあったのです。しかも、どの時点で見ても、引き返したほうが明らかにラクチンでした。

しかし日本人は、皆で歯を食いしばり、奮闘努力して、ろくでもない方へろくでもない方へと進んでいき、あっという間に沖縄《おきなわ》戦という悲劇を招き、都市という都市をナパーム弾で焼かれ、原子爆弾による攻撃を受けたのです。

私はこの、満洲国の歴史というものを研究しながら、

「どうしてこんな不思議なことが次々に起きるんだろう」

と思いました。

ご覧のとおり金融においても産業においても、最も恐ろしい点は、当時も今もですが、

「『悪人が悪事を働いて悲劇が起きる』のではない」

という点です。

個々の軍人も個々の官僚も個々のビジネスマンも、自分に与えられた役を果たすため、それぞれにその優秀な頭脳と経験とをフル活用し、時には命の危険を顧みずに必死で働いたのです。そして必死の働きでものごとが廻り始めると、不思議なことに、トンチンカンなことばかりが起き始めます。

その結果、暴走します。

つまりシステム全体が暴走しているのであって、この作動を止めるよりほかに破滅を回避する手段はないのです。

人間は、社会は、なぜ暴走するのか。これがそれ以降、私の研究テーマの大きな軸にな

りました。

私はこの問題を考えるための手がかりとして、「貨幣の成り立ち」という経済の基本的な理論の研究をしました。このために非線形科学という分野を勉強し、コンピュータを使ってシミュレーションなどをやりました。これは、水、空気、風、雲、穀物、生物、生態系、交通流などといった対象の複雑な振る舞いを理解するための分野です。

ある種の方程式は、条件が少し変わるだけで、突然それまでとまったく違う振る舞いをします。それは、珍しいことではなく、ごく一般的なことなのです。「決定論的カオス」という言葉を聞かれたことがあると思いますが、それは決定論的な方程式であるというのに、ランダムにしか見えない動きをします。しかしそれはランダムではないのです。そして、このようなシステムは、どんなに精密にやっても、予測不可能です。

研究を始めた当初、私は「人間というのは大変複雑なものだから、その集団の振る舞いは、水や空気の振る舞いとはまったく違う複雑さをもつはずだ」と信じていました。

ところが研究しているうちに、「集団が暴走してしまうと、水や空気の運動と、複雑さはあまり変わらなくなるのではないか」という思いが強くなっていきました。

空気の暴走が台風です。

人間が暴走すると戦争です。

人間は暴走しなければ、豊かで創造的なシステムです。しかし、その集団がひとたび暴走し始めると、個々人はロボットのようになってしまい、どんどん複雑さを失ってゆき、暴走が本格化すると、水や空気と変わらないくらい単純なシステムになってしまう――そんな気がしてならないのです。

ですから暴走を止めて、ロボットを人間に戻さなければ、どうしようもありません。

こと満洲国の暴走に関しましては、もう一つ大きな要因があると考えます。いまもなお続く日本の宿痾《しゅくあ》、それが「立場主義」です。そしてその根底にあったのが、日本の天皇制ではないか、と思い至りました。

守る王から守られる王へ

そういうことを言うと、「ああ、また例のサヨクの方ね」とロボットみたいに反応する人がおられるかもしれませんが、私は天皇の存在そのものには反対していません。

私は、人間社会はどういうわけか、血筋に基づいた「王」というものを欲しがる、そういう性質を不可避に持っているのだ、と考えています。そして無理やり「王」を排除すると、余計に厄介なことになってしまう、と思うのです。

たとえばアメリカ合衆国は、自由主義と民主主義とを標榜《ひょうぼう》しており、その代表的な国家だと言っていいと思います。

しかし少し考えてみれば「大統領」というのは、「選挙で選ばれた王」のことではないでしょうか。そしてその選挙では、家柄が大きな影響を及ぼしています。

たとえば、太平洋戦争を指導したルーズベルト大統領は、初代ではなく二代目で、先代のルーズベルト大統領の甥《おい》です。最近ではブッシュ大統領の息子が二代目大統領になって、親子揃ってアメリカを泥沼の中東戦争へと導きました。ケネディ大統領の弟のロバート・ケネディは、暗殺されていなければ確実に大統領になっていたでしょう。次の選挙は、クリントン大統領の奥さんと、二代目ブッシュ大統領の弟とが争いそうな勢いです。

これでは王制とどう違うのか、よくわかりません。

そう考えると、イギリスや日本の採っている立憲君主制の方が、合理的に思えます。

「血筋に基づいた王が欲しい」という人民の欲求は、「国王」や「天皇」の存在によって満たしておいて、政治の方は「王」と関係ない人民の代表がやる、というわけです。この方が、面倒がなくていい、というように私には思われます。

私が問題だと思うのは、近代日本の天皇の存在構造です。近代の天皇は「守られる王」なのです。戦前戦中の日本を見ていまして、

「天皇陛下が我々を守って下さる」

というお話を聞いたことがあるでしょうか。あまり聞かないですよね。

逆に、

「天皇陛下を我々がお守りする」

というのが普通ではなかったでしょうか。「醜《しこ》の御楯《みたて》」などと言いました。だから「守られる王」だと思うのです。なぜ守らないといけないのかというと、国民は「天皇の赤子《せきし》」だからだ、というのですが、何のことやらわかりません。

しかしこれは本来、逆ではないでしょうか。王は、民を守るものではないでしょうか。別に本当に守ってくれなくてもいいのです。何だか知らないけれど、英雄の子孫だったり神の子孫だったりすることで発生する摩訶《まか》不思議な力で、国民を困難から守ってくれるんじゃないかなぁ、というようなイメージの話です。

戦前の日本の天皇は、神の子孫どころか「現人神《あらひとがみ》」なのですが、どういうわけか、その超能力で国民を守ったりはしません。いざとなったら「神風」が吹く、といっても国民が守られるのではなく、天皇が守られるのです。それゆえ「國體護持《こくたいごじ》」というスローガンが

敗色濃くなると振り回されて、ダラダラと戦争を続けてしまい、とてつもない被害を国民に与えることになってしまいました。

人間は、当たり前になっていることには、なかなか疑問を持たないものです。私も子どものころから、こういうストーリーに何の疑問も感じませんでした。このストーリーが好きな人が「天皇制支持の右翼」で、嫌いな人は「反天皇制の左翼」という枠組みそのものを疑ったことがなかったのです。

ところが、タイにしばらく遊びに行ったり、あるいはブータンから留学されてきた方とお話ししたりして、それが単なる思い込みであったことに気づきました。それはまったく、本当に、眼から鱗《うろこ》でした。

タイ国民やブータン国民の多くは、国王のことをたいへん尊敬しています。尊敬というより思慕という感じです。この感じはイカツイ出《い》で立ちで「天皇陛下バンザイ！」と叫んでいる日本の右翼とはまったく違います。

この「国王を思い慕う」という感情の源泉はなんだろう、と思っていました。そこである国際学会で出会った日本語の堪能《たんのう》なタイ人の学者と議論していて、私はふと、

「もしかしてあなたは『国王に守られている』と思っていませんか!?」

と聞いたのです。そうすると答えは、

「そうです！　守られていると思っています」

というものでした。つまりブータンやタイの国王は「守る王」なのです。だから国民は慕うのです。

タイ王国でコンサートなどに行くと、王室のメンバーがよくやってきていて、お金持ちや有力企業の代表者が、地面に這《は》いつくばるようにして最大限の敬意を払って擦り寄り、お金を寄付します。このような儀礼によって国民に権威を見せつけると共に、そのお金で人々を救済する事業を推進し、「守る王」のイメージ作りをしているのだ、と私は思います。プミポン国王の存在感を見ると、それは実にうまく機能しています。少なくとも二〇世紀後半期に、タイ王国が一貫して秩序維持に成功し、紆余曲折を経ながらも民主化していったのは、彼の存在があればこそだった、と言って間違いはないでしょう。

ブータン王国から留学しておられた学者やジャーナリストとかなりつっこんで議論したことがあるのですが、彼らの国王への思慕は強烈です。

私が講演をお願いした際、その直前に突然、先代の国王が退位して、息子の皇太子が国王になったのですが、彼らは本当に動揺していました。「国王に見捨てられた感じがする」というのです。ただ幸いにも新国王は国民に大変人気があって、譲位は順調であったようです。しかも国王は、嫌がる国民を宥《なだ》め賺《すか》して無理やり立憲君主制にしてしまい、議会を開かせて内閣を組織させ、自ら政治権力を放棄してしまいました。そのため、私がお話しした二人は、帰国後に大臣や上院議員になりました。

王を軍が守り、その軍を国民が守る

こういう観点からすると、近代日本の天皇のような「国民に守られる王」という存在形態は必然性がないのです。それ以外に「国民を守る王」という存在形態があるわけです。ですから私は「国民に守られる王」には反対するのですが、「国民を守る王」はいたほうがいい、と考えています。

そういう目で近代日本史を見なおしてみると、実は、日本の天皇もまた「守る王」として機能している側面があるのです。少なくとも、明治初期の天皇には、この要素がありました。大日本帝国憲法（明治憲法）を作ったときに、伊藤博文《いとうひろぶみ》が『憲法義解』という本を書きました。憲法の説明書・解説書です。伊藤の著の形になっていますが、井上毅《いのうえこわし》・伊東《いとう》巳代治《みよじ》・金子《かねこ》堅太郎《けんたろう》といった憲法を作った面々が書いていますので、明治の政治を知る上で、極めて重要な書物です。

その中で、「しろしめすすめらがおほみこと」という令義解の言葉を引用し、それは国民を「綏撫《すゐぶ》」する者である、と言っています。だから「守る王」の側面がこのときはありました。

ところがその後、どんどん「守られる王」の面が強まっていきます。そして、王を守ることが国民の義務である、喜びである、栄誉である、そういうふうになっていきます。田中正造が足尾鉱毒事件で天皇に直訴したのは、天皇を「守る王」として作動させる試みだったのではないか、と私は考えています。

近代日本の徴兵制の精神は、「天皇を守るための軍隊」を作るということでした。「醜の御楯」です。こう考えると先ほどの開拓団について納得が行きます。彼らは、「『天皇を守る軍隊（関東軍）』を、ソ連から守る」ために導入されたのです。


天皇を守るために軍隊がある。

軍隊を守るために国民がいる。


これが大日本帝国憲法体制下における、特に昭和期のイメージだった、と私は理解しています。

しかし、いったい、何のために、だれから、天皇を守るというのでしょう。結局のところ、近代を通じて日本を侵略した国はなかったのです。それどころか、天皇の軍隊が間抜けな戦争を起こしてアメリカを招き入れ、日本をアメリカの占領下に置いてしまい、その体制は今日に至るまで続いています。迷惑千万と言わざるを得ません。

言うまでもありませんが、普通に考えるなら、

民を守るために軍がある。

軍を統率するために王がいる。


こういうもののはずです。ところが日本ではこれが逆転していた。いったいこの逆転イデオロギーは、どこから来たのでしょうか。

逆転のイデオロギーの源泉

私はこのイデオロギーの発達に徴兵制と靖国神社が深く関与していると考えます。

少し歴史を遡《さかのぼ》ります。

大雑把に言って、室町時代から江戸時代というのは、「家」の時代でした。それ以前には我々のイメージするような「家」はありませんでした。ではどういうものだったかというと、史料が少なくてよくわからないというのが、正直なところだと思います。おそらく

「氏」というのが重要なまとまりだったんだろう、と考えるのが普通ではないでしょうか。

思い出していただきたいのですが、大昔の人は「藤原《ふじわら》〈の〉鎌足《かまたり》」とか「源《みなもと》〈の〉義《よし》経《つね》」と言われています。氏が藤原で、そこの鎌足さんとか、氏が源で、そこの義経さん、ということです。

ところが義経と同時代の英雄に「木曾《きそ》義仲《よしなか》」という人が登場します。この人は〈の〉が入っていませんが、木曾義仲は「源氏」です。彼は「源〈の〉義仲」なのです。平家物語では、偉い人は「平《たいら》〈の〉ナントカ」「源〈の〉ナントカ」ですが、普通の武士は「熊谷《くまがい》ナントカ」「北条《ほうじょう》ナントカ」という具合に、〈の〉がありません。実は彼らもそれぞれに氏があって、平だったり源だったり藤原だったり橘《たちばな》だったりするのですが、自分の領地などで呼ばれるようになっていたのです。

同様に、京都《きょうと》の貴族も家に分割されていきます。「藤原〈の〉頼通《よりみち》」は、宇治《うじ》に住んでいたので「宇治殿」と呼ばれていましたが、それはニックネームに過ぎませんでした。ところが、時代が下ると藤原氏も、「近衛《このえ》家」「九条《くじょう》家」「三条《さんじょう》家」「京極《きょうごく》家」「飛鳥井《あすかい》家」などへと分かれていきます。これは屋敷のある京都の地名です。屋敷を息子が相続するようになっていったのです。近衛文麿《ふみまろ》という、結果として日本を戦争へ引きずり込んでしまった総理大臣は、「藤原〈の〉近衛文麿」です。

室町になりますと主として、「足利《あしかが》尊氏《たかうじ》」「新田《にった》義貞《よしさだ》」「楠木《くすのき》正成《まさしげ》」というパターンになります。〈の〉が入っていません。たとえば尊氏は、「源〈の〉足利尊氏」なのです。氏は源、家は足利、そこの尊氏さん。このころには氏は形骸《けいがい》化しており、家が中心になっていたわけです。

安土桃山時代から江戸時代になれば、だれがどういう氏かは、ほとんど意味がありません。「織田《おだ》信長《のぶなが》」が平氏だとか、「徳川《とくがわ》家康《いえやす》」が源氏だとかいうのは、完全に名目的です。

つまり昔の日本人には家制度が無かったので「氏＋名前」が基本でした。実際には「先の太政大臣」「大納言の娘」など本人や親の官位、あるいは住んでいるところで呼ばれたりしましたが、個人を識別するとなると「氏＋名前」が合理的なので、歴史家がそうやって呼んでいるのです。

ところが平安末期から「家」というものが出現し、時を経るにしたがってますます家が重要になっていきます。そうなると今度は「家＋名前」で識別するのが便利になります。こちらも実際の呼び方はいろいろで、例えば忠臣蔵でおなじみの「浅野内匠頭《たくみのかみ》」は、名は「長矩」（ながのり）、幼名は「又一郎」「又一」「又市郎」、雅号は「梅谷」、官位は「従五位下朝散太夫」「内匠頭」、もちろん第三代「播州赤穂城主」でもあります。

このように「藤原〈の〉道長」から「徳川家康」へ一直線に変化したわけではありませ

ん。しかしこの識別方式は、実際の社会的変容を反映しています。平安末期に「家」が強く意識されるようになり、時代を下るにしたがってどんどん強固になっていく。そして江戸時代に明確な制度となって安定し、日本中を覆った。いわば「家の時代」です。

この時代、天皇の力は非常に弱いのです。日本史の授業を思い出していただきたいのですが、最後に印象に残っている天皇は後醍醐《ごだいご》天皇ではないでしょうか。鎌倉末期・室町初期です。ここから明治天皇まで実に五三〇年ほど、天皇家はずっと影が薄いのです。

徴兵制と東京招魂社、そして靖国神社

ところが明治から昭和にかけて、家が崩壊していきます。家制度がほぼ完全に崩壊したのは戦後の高度成長期ですが、その動きは徴兵制に始まります。その本質は何かというと、「軍役の負担が家単位から個人単位になった」ということです。

家の時代、何ごともすべて家単位でした。現在でも、田舎の方へ行くとまだそうかもしれません。「普請するから、各家、男一人出せ」という形ですね。そういう発想ですので、女性は当主になれませんでした。鎌倉までは武家でも女性の当主が結構いたのですが、室町以降はほぼいなくなります。これは「戦争に行く役を負う男の当主を、家単位で送り出

す」というイデオロギーのせいです。

ところが徴兵制によってこの「役」を、男子一人一人が負担することになりました。お父さん、お兄ちゃん、弟、と三人いましたら全員が出ます。そうなると、「役」を背負う単位が「家」ではなく、「個人」になってしまいます。だから家制度にとって徴兵制というのは非常な脅威でした。

この徴兵制を構想したのが、長州《ちょうしゅう》藩の天才的軍略家・大村益次郎《おおむらますじろう》です。彼は最後には保守的な武士、つまり過激な「『家』主義者」に暗殺されています。

しかしこの大村が遺《のこ》した徴兵制による官軍が、最後の侍とも言うべき西郷隆盛《さいごうたかもり》を擁する武士集団、薩摩《さつま》軍と西南戦争を戦って勝ちました。この勝利によって、武家・武士とともに「家」という制度が崩壊しはじめたのです。

そしてこの大村益次郎が、死ぬ直前に「東京招魂社《とうきょうしょうこんしゃ》」というものを創設しています。靖国神社の前身です。どうしてこのようなものが必要だったのでしょう。

家制度の時代は、「家のために死ぬ」というイデオロギーが成立します。戦って、死んだら、子孫が優遇される。そういう社会的な約束事があります。それを確信できるから、喜んで命を投げ出す、そう考えられました。

日本には『菅浦文書《すがうらもんじょ》』というすごい史料があります。菅浦は滋賀県・琵琶湖《びわこ》の北の方にある小さな漁村なのですが、ここに村の歴史書があるのです。鎌倉時代から明治時代に至る古文書の集積で、滋賀大学に所蔵されています。

この中に、おそらく人類最古の「地方誌」、つまり「村人が自分たちで自分たちの歴史を記録した歴史書」があります。

この歴史書がなぜ作られたのでしょうか。

菅浦は隣の大浦《おおうら》という村と、猫の額のような田んぼをめぐって、文字どおり血みどろの死闘を二百~三百年繰り広げています。裁判をしたり戦争をしたりしているのですが、これらが緻密に記録されています。この争いにおいて、いつだれがどう貢献したか、どの戦いでだれが死んだか。つまりこの記録によって、子孫が優遇され、それが保証されるのです。そうしないと皆が必死で戦わないのです。

このような「家」のイデオロギーで武装した当時の近江《おうみ》の郷村の軍事力は強烈でした。応仁《おうにん》の乱後期に連戦連勝だった美濃《みの》の斎藤氏《さいとう》、その妙純《みょうじゅん》（利国《としくに》）という名高い武将が、近江に侵入します。ところが占領された近江の人々が団結して蜂起、結果として妙純は退却中包囲され、一族・家臣ともに自害・討ち死にに追い込まれました。後に下克上で美濃国を奪った戦国大名の斎藤道三《どうさん》が「斎藤」を名乗ったのは、この家を嗣《つ》ぐという名目でした

（勝俣鎮夫《かつまたしずお》『戦国時代論』岩波書店、一九九六）。

このような強烈な戦闘力を生み出したもの、それが「家」という概念だったのです。

ところがこのイデオロギーは徴兵制では機能しません。徴兵されて死んでも、子孫が優遇されたりはしません。お家はまったく栄えないので、犬死にです。ですから別のイデオロギー装置が必要になる……と、恐ろしく頭の良い大村益次郎はこういうふうに考えて、東京招魂社を創ったのではないか、と思います。

面白いことに、「社」と聞くと神道っぽいのですが、最初は神官を置いておらず、神社でもありませんでした。彼はひょっとするとヨーロッパ式の無名戦士の墓地とか、そういうものを創ろうとしたのかもしれません。彼は当時の学問界の最高峰である、適塾（蘭学者・医師の緒方洪庵《おがたこうあん》が大坂に開いた私塾。蘭学＝オランダを経由して入ってきたヨーロッパの学術・文化・技術を学んだ。現在の大阪大学医学部の前身）の塾頭を務めたような、ずば抜けて欧州の実情に詳しい人でした。

しかし、ヨーロッパ式の無名戦士の墓地では普通の人に理解できません。それでわかりやすく神社になっていったのではないか、と思います。

ともかく徴兵制の場合、死んでも家は興りません。ということは、「家」主義者にとって、死ぬ理由がありません。それでは軍隊としてマズイ。

そこで靖国神社と学校教育とが導入されて、お国、つまり天皇のために死ぬというイデオロギーがでっち上げられて、国民に注入され続けた、という流れではないかと考えます。

余談ですが、「戸籍」というシステムも明治五年に本格的に復活したもので、家制度の弱体化に一役買いました。「戸」という最小単位が復活することで、「家」の中での人間関係、あるいは「家」同士の関係をあくまで私的なものに追いやったのです。徴兵は基本的にこの戸籍に基づいていました。たとえ東京で働いていても、戸籍が岩手《いわて》なら、第八師管区の第五七師団・盛岡《もりおか》連隊に入れられました。

この制度は、現在では夫婦別姓ができない、婚外子・非嫡出子の差別に繋がる、そもそも住民登録との重複業務である、相続関係・婚姻・転居が個人に紐付《ひもづ》けられていないのでこれらを調査するときに非常に面倒、被差別部落などの差別の道具になる、など様々な課題があります。

徴兵制がなくなり、家制度がほぼ崩壊したいま、もはやこんなものは、何の意味もありません。即刻廃止すべきです。

実は戸籍は、他人の家であろうと、富士山の頂上であろうと、どこでも好きなところに置くことができるのです。私は、若いころにこのことを知り、シャレで出身校である京都大学のキャンパス内に戸籍を移してしまいました。本当に意味のない制度です。

おもしろいことに、戸籍廃止に反対するのは「戸籍は『家族』制度の根幹だ」とおっしゃる「保守」政治家の方々なのです。本当に家制度を守りたいのであれば、彼らこそが戸籍の即刻廃止を声高に主張せねばならないはずだというのに。

ちなみに古代中国に端を発し一時は東アジアに広まった戸籍制度ですが、いまも残るのは日本と台湾ぐらいです。中国では形骸化しています。台湾も今や個人ＩＤの方がよく使われるそうで、韓国では二〇〇八年に廃止されました。

立場主義社会を看破した文豪

さてこうして「家」が解体されていきました。では家が解体されて、個人が単位になったのか、というと、そうではない、と私は考えています。

日本は個人主義の社会でしょうか。胸に手を当てて考えてみれば、「否」としか答えられません。では「家制度の残る封建的な遅れた社会だ」と言えるでしょうか。これも「否」としか答えられません。なぜなら家制度などもう完全に崩壊していますし、日本は一時の勢いはないとはいえ、近代化にいち早く成功した、押しも押されもせぬ先進国です。

私はこの「家」の代わりに、「立場」というものが析出されてきたのではないか、と考えています。そしてこの「立場」が日本の近代を生み出したのです。

「立場」という言葉は皆さん日常生活でも本当によくお聞きになるでしょう。学術論文にも「立場」は頻繁に出てきます。「○○の立場から」というようなタイトルの論文が山のようにあります。

「立場」は実は非常に古い言葉です。奈良時代の東大寺の文書に出てきます。鹿や猪の立場、というような使われ方でした。つまり「生きる場所」という意味ですね。

室町時代までは「立庭」と書かれていました。中世、鎌倉時代や室町時代には、市場、定期市などで売り買いをする権利のことを言いました。市場のどこかに立って売り買いをする。その権利がなくて立場がないと、売り買いができません。

くだって江戸時代には、「立場」は儀式のときの順序を表しました。「立場争い」というのは、儀式の際何番目に立つか、これを家同士で激しく争っていました。お殿様が来るときに何々家の人は何番目に立つ。これを死に物狂いで争ったのです。これがこの時代の「立場」でした。

しかしこれらの用法は、我々がいま使っている「立場」とはぜんぜん違う概念です。そこでいまの概念での「立場」を調べてみました。一九二〇年代まではほんとうに用例が少ないのです。

ではだれが使い始めたかといいますと、私が怪しいと睨《にら》んでいますのは、夏目漱石です。『明暗』という遺作に、「立場」がかなり出てくるのです。意味も我々が使っているものとほぼ同じです。英語のポジションとかポリシーとかスタンスとかそういう概念を、日本古来のものと混ぜ合わせたような言葉です。

夏目漱石という人は社会や人間関係の「抑圧」に非常に敏感な作家です。『坊っちゃん』にせよ『三四郎』にせよ、人間性を殺すものを押し付ける人や社会の姿を描いています。彼の見立てでは、そのころ日本社会が変質し始めていて、今までの「家」とは違う形の抑圧が始まっている、そう捉えたのかもしれません。その抑圧の正体が「立場」だと見抜いていたのではないでしょうか。

彼の作品が未《いま》だに日本のサラリーマンの胸を打つのは、近代的な立場の抑圧を、最初に意識的に苦悩した人物だからではないか、と考えています。

そういえば、辛亥革命の中心人物に孫文（孫中山《ちゅうざん》）がいます。中国でも台湾でも「国父」と敬われる人物ですが、彼は一八九五年の亡命をはじめ、明治期の日本と縁が深いの

です。その日本をよく知る彼は晩年、

「中国人は自由すぎる。個人主義すぎる。このままでは集団になって力を発揮する日本人に滅ぼされてしまう」

と真剣に恐れていました。彼が亡くなるのは一九二五年ですから、そのころにはこの「立場」に固められつつある日本の姿を見ていたのかもしれません。

そして日本では、一九三〇年代ぐらいから、「立場」という言葉がかなり頻繁に使われるようになります。

しかし、実はこの言葉が今のようによく使われるようになるのは、戦後なのです。

戦後になりますと「立場」だらけです。いろんなところに立場・立場・立場・立場が出てきます。いまこの瞬間にも日本中の会社や役所で、あるいは家庭や集まりで、

「オレの立場はどうなるんだ！」

と叫んでいる人が一人や二人、いや一〇人や二〇人必ずいると思うのですが、日本の場合、この「立場」こそが「家」に代わるイデオロギーとなっていきました。

日本立場主義人民共和国

渡辺研一《わたなべけんいち》さんという東大卒の陸軍中尉がいました。沖縄の激戦で貧弱な装備の部隊を率

い、優勢な米軍と対峙して戦死されました。二九歳でした。

彼の遺書があります。奥さんにあてたものなのですが、

「寂しい、悲しいといふやうな感情を振り捨てて与へられた使命に進まなければならぬ立場にあるのです」

と書いています。これが靖国神社に「英霊の言の葉」と称して飾ってあります。

この遺書を読んで、渡辺さんが寂しい、悲しいと思っていないと思いますか。そんなわけはありません。

「私は寂しい、悲しい、死にたくない」

と書いたら検閲されてこの遺書を配達してもらえない。だから聡明な彼は、

「そう思う立場にない」

と書いたのです。こんな悲しい手紙を靖国精神の表れと誤認して賞賛する人がいたとしたら、実に愚かだと言わざるを得ません。

そしてこの悲しい「立場」という言葉は、今我々が使っているのとまったく同じです。

ということは、第二次世界大戦に何百万という兵士が出征し、あるいは開拓団として満洲に渡る、そういうふうに人々が追い込まれていくときに、「立場」というものが大きく前面に出てきたのだと思います。

しかし、この段階ではまだ、「立場」は強制の道具でした。こういうものを振り回されて悲劇を味わった人は、普通それを憎んで放り出すものだと思います。

ところが、戦後日本社会はこの「立場」を経済活動に応用して、世界に冠たる復興と発展、繁栄を経験してしまいました。

「立場」を守るために必死でがんばったら、月々の給料が倍々ゲームで増えていく。若くして田舎から都会に出てきた、とりたてて特別な才能がない人でも会社で「立場」に従って真面目に「役」を果たせば、マイホームにマイカーを持って子どもを二人ほど大学に行かせられる。そんな「立場」の全盛期が、六〇年代から七〇年代にかけて出現したのです。

これで「立場」は我々のイデオロギーとして確立しました。

ですから私は、今の日本の社会は、「立場主義社会」と呼ぶべきだと思っています。私たちの国の正しい名はおそらく、

「日本立場主義人民共和国」

です。

その主たる政権党である自由民主党は、だれでも知っているように、自由と民主とを軽視する政党であって、名前が間違っています。この政党は立場主義イデオロギーを守るために活動しているのであり、共産主義を標榜する政党が「共産党」と名乗るのに倣って、

立場主義を標榜して「立場党」と名乗るべきだと思います。自民党は「皆さまの立場を守る、立場党」であって、日本国民の大半が立場主義者であるがゆえに、幅広く支持されているのです。

立場主義三原則

その日本立場主義人民共和国の憲法、これが私が「立場主義三原則」と呼んでいるものです。

前文、「役」を果たせば「立場」が守られる。
第一条、「役」を果たすためには何でもしなければならない。
第二条、「立場」を守るためなら、何をしてもよい。
第三条、他人の「立場」を脅かしてはならない。

この三つさえ守れば、日本では平和に生きていけます。
私のようにこれをぜんぜん守っていないと、いろいろと面倒な目に遭います。
この立場主義イデオロギーが現代の日本社会を席巻《せっけん》していると私は考えるのですが、これが出現したのが明治期から太平洋戦争に至る時期です。

石原莞爾は総力戦ができる大帝国を作るために、満洲事変を企画・実行しました。しかし、それで何が起きたかというと、立場主義者たちの暴走が引き起こされたのです。

自分の立場を守ったり、他人の立場を脅かさないために、いろんな政策が決定されていく。この連鎖が始まりました。筋道が通ってなくても、効果がないどころか逆効果でも、だれかの立場を守るためなら、それらが延々と実行されます。

今でも会社や組織で言いますでしょう。

「それを止めると提案した○○部長の立場がなあ」

「○○部長はオレの先輩だし、オレの立場がなあ」

このように、立場が立場を生む自己増殖運動が始まると、ポジティブ・フィードバックのループが完成して、雪玉は巨大な雪崩になって、だれも止められなくなります。英雄石原莞爾でさえ弾き出されたのは、これまで述べてきたとおりです。

結局、日本軍は陸海軍とも、自分自身の「立場」の暴走を止められなかったのです。でも「止められない」とは言えないから、だれかが何か無茶をすると、それをあとから正当化するということを繰り返しました。

もし正当化しないと、その人を死刑にしなければならない。それはいかん、彼も立場上、やむをえずやったことなんだから、と。彼もですが、彼を死刑にすると、その上官とかそのまた上官とか、責任論が上に上に行く。それはマズイ。じゃあもうOKにしちゃおう、そうしましょう、と。

STAP細胞問題を思い出してください。結局、理化学研究所は疑惑の中心人物、小保《お ぼ》方晴子《かたはるこ》さんを辞めさせることすらできませんでした（依願退職です）。小保方さんを辞めさせると、彼女を雇っていた人や一緒に研究していた人、組織の管理職からトップ、そういう人たち全員の「立場」がなくなるからです。

こうなると、既成事実に対して非常に弱くなります。だれかが何かをすると、既成事実化する。既成事実化したものを、あとから権力や権威を持った人が認める。それが繰り返されるようになります。

このダイナミクスにより、彼女の転がした雪玉がコロコロ転がって雪崩を起こしてしまったのです。

理研の暴走と、日本軍の暴走とは、構造的に一致しているように感じます。

「立場上、仕方ない」がループを廻す

かくして日本の陸軍・海軍は、特に陸軍は、暴走し始めました。この暴走システムを止めるには、だれかの立場を脅かさなければなりません。自分の立場も危うくしなければなりません。それは日本立場主義人民共和国では不可能なことなのです。できません。

その結果、暴走は止まらず、

「いやあ、私は止めたいんだけど、走っちゃうんですよ」

などと他人事のように言う。止まりませんから中国大陸奥深くへのめり込んでいきます。どんどん人が死にます、人を殺します。それも仕方ないのです。

こうなるとさらに死んだ人の手前、止められません。「あいつは犬死にした」などと口が裂けても言いたくないのです。なので、もう止めましょうとだれも言い出しません。本当はだれかが言ってくれるのを待っているのですが、だれも言わないのです。

すでに述べたように、満洲事変のときも、時の若槻礼次郎首相が軍費を決裁してしまいました。「出てしまったものは仕方がない」と。とんでもない話です。首相が予算を止めれば、出たものも引っ込んだのです。しかしおそらく、彼は、立場主義者に命を狙われたことでしょう。

結局このようにして、日本国民全体が戦争に引きずり込まれて、そのツケはすべてごく

普通の人々が払わされました。親・子・兄弟を戦地で喪う。国内にいても空襲で原爆で沖縄戦で殺される。家を焼かれ職や商売を失う。

ところが原因をつくった暴走エリートたちは、（いくらかは戦犯などとして処罰されましたが）戦後ものうのうと生き残っていきます。皆で互いの立場を守ったのです。たとえば開拓団を推進した加藤完治は戦後も大活躍しました。勲章をもらって、園遊会に招かれています。

こうした「立場上、あるいは自分の立場を守るために暴走した」連中は、実は結構生き残っているのです。そしてそれに引きずり込まれて酷い目に遭わされた人々が、補償も何もしてもらえないのです。

中国残留孤児・婦人の方々は壮年を過ぎて帰国されたため、言葉や仕事など生活全般で苦労されており、結果、帰国者の多くが生活保護を受けていると言います。そのため国に対する損害賠償訴訟もたくさん起こされました。つまり国とそれを動かしている人々は、自分たちの棄てた人々に対し、責任を持って「帰ってきてもらう」という考え方ではなく、「帰りたいなら帰ってもいいよ」という考え方なのです。

もう存在しないはずの人々（立場のない人々）が現れると、棄てた方（立場主義者）はとても困るのです。だから見て見ぬふりをするのです。

こういった考え方をしてしまう、あるいは許してしまうのは、私たち一人ひとりの心の中に、「立場主義」が根強く巣食っているからだ、と私は考えます。自分がその「立場」に立ったとき、同じことをするかもしれない、同じことしかできないかもしれない、という怯えが、心の中にあるのです。

「立場上、仕方ない」

この言葉ほど、私たちの心に響く言葉があるでしょうか。

暴走の本当の原因とは

「満洲国」はどのようにしてでき、暴走していったのか。第二章と第三章とをまとめてみます。大きな要因は三つあると思います。

まず一つ目は「大豆の国際商品化」です。

これによって満洲という地域に、独自のコミュニケーション・パターンができあがり、これが「満洲国」が成立する条件を整えました。

たとえばもしも、日本軍が最初に入ったのが満洲ではなく山東だったら、おそらく大失敗だったでしょう。大火傷《おおやけど》をして泣きながら帰ってきて、でもそれで済んだと思います。日本はアメリカに占領されず、今も独立を保っていたはずです。

ところが不幸にして日本軍が、石原莞爾が攻め入ったのは満洲でした。そしてシンプルなコミュニケーション・パターンのツボを摑んで、大成功してしまいました。

「なんだ、簡単じゃないか」

そしてこの副作用として、死刑になるはずの石原が英雄になりました。

「結果さえよければいいんだ」

これらがその後の日中戦争、そしてアジア太平洋戦争へと暴走した大きな要因だと私は考えます。


二つ目に「総力戦への対応」です。

世界が「総力戦」の時代に突入し、日本は自分自身を守れない、と石原莞爾は思い詰めました。この衝撃は、ごく少数の陸軍エリート以外ははっきり理解していなかったと思います。

ただ、不安にはなったでしょう。

第一次世界大戦というなんだか想像を絶するようなすごい戦争が遠くで起きて、ドイツ・フランスという大国同士が、両方とも滅びかねない、というところまで殴り合った。

このままだとたぶん日本はマズイ。

特に陸軍内部が沸騰します。そんな戦争、ぜったいできない。しかし立場上、できないとは言えない。この不安を抱えていたから、満洲事変が起きたときに飛びついてしまったのです。不安なときには、それを一発で解消してくれそうなイベントとか人物とかに、すがりつきたくなるものです。そういう精神構造ができてしまっていました。

そして三つ目が「立場主義の暴走」です。

「守られる王」たる天皇制を基礎にして徴兵制が布かれ、それによって家制度が崩壊して、「立場」が前面に出る時代になりました。

人々は己の立場を守るためになんでもしました。その行動にどういう意味があるのか、効果があるのかよりも、「その行動によって自分の立場がどうなるか」を優先して動いたのです。その結果、他人の土地を蹂躙して傀儡政権を作り、そこにまるで無駄な資金と資材と、そして人間をせっせと突っ込んですべて失う、そういうシステムができあがり、それが暴走し続けました。

これらが組み合わさって、「満洲国」が成立し、それによって大日本帝国は滅亡した、このように私は理解しています。

ただ、これはもちろん証明できていません。単なるお話、エピソードの羅列、それを都合のいいようにつなげただけ、かもしれません。いや、どうぞ、そう思ってください。

こんな法螺《ほら》話、皆さんは簡単に信じないで、どうかご自身で一度、一度といわず何度も、考えてみてください。

なぜなら、この暴走システムは今この瞬間も日本のあちこちで動いているからです。いや、日本そのものが今も、この暴走システムで動いているからです。その暴走の本当の原因を見出さなければ、大変なことになります。私の主張は、そのための足がかりに過ぎません。本当の理由を、私は知りたいのです。

第四章　満洲の崩壊

――そして魂の脱植民地化へ

さてこの暴走する満洲国は、最終的に一九四五年の太平洋戦争の日本の敗戦をもって崩壊、消滅します。そこに至る過程で様々な悲劇が起きました。とても辛《つら》い物語ばかりですが、そこで必死に生きた人々と、そういう現実とはまるでズレたことしかできなかった軍部や政府とを対比させて描こうと思います。

現代の日本にも、現代の我々にも、その奥深くに今も「満洲」が生きていることがおわかりいただけると思います。

それらの物語を、「我々はどう生きたのか」そして「どう生きればいいのか」を考えるよすがとしたいと思います。

「立場」が暴走し村ごと皆殺しにした平頂山事件

戦争というものは基本的に人間が人間らしさを失う、つまり暴走するものです。しかし「立場」という視点で見れば、その暴走が現在の私たちでも理解できるケースもあります。その一つ、日本では一九七〇年代まで忘れ去られていた平頂山《へいちょうざん》事件を見てみましょう。

一九三二年九月一五日、満洲国が建国されたその年の秋のことです。反満抗日ゲリラ「遼寧《りょうねい》民衆自衛軍」が、撫順《ぶじゅん》の炭鉱を襲撃しました。

ポジティブ・フィードバックの絵を思い出してください。当時の満洲はまさに急速な重工業化に進みつつありました。鉄鉱石を掘り石炭を掘り、鉄を精製して売る、売って得たお金とその鉄で機械や道具を買い・作り、鉄鉱石や石炭をさらに掘る……この環《わ》が廻り始めていたのです。

ゲリラの狙いはこの環を断ち切ることです。一ヶ所でも切ればすべてが止まります。極端に言えば炭鉱を襲ってその操業を止めれば、満洲の経済が止まるのです。正規軍がよく負けるのは、彼らはこの環のすべてを守備しなければいけないのに、ゲリラは一ヶ所を攻めればいい、この非対称性ゆえです。

しかしこのとき関東軍独立守備隊は在郷軍人と共に奮戦、市街地への侵入を阻止、ゲリラの撃退に成功します。それでも日本側も炭鉱所所長を含む死者五人、負傷者六人、物損総額二二万円弱の大きな損害を受けました。

翌日、関東軍の守備隊は「平頂山集落が匪賊と繋《つな》がっている」という判断をし、この集落を襲撃します。

そのとき平頂山および撫順近郊の栗家溝、千金堡集落にいたほぼ全員、もちろん女性、子ども、老人を含む人々を、命令・脅迫・虚言を用いて広場に集め、機関銃で掃射しました。死ななかった人や逃げた人は銃剣で刺殺。さらに集落に火を放って焼きつくします。その後、日本人在郷軍人たちも召集して遺体にガソリンをかけて焼き、最後には付近の崖《がけ》をダイナマイトで爆破し、遺体の山を丸ごと瓦礫《がれき》に埋めるというすさまじい証拠隠滅が図られました。

犠牲者の数は約三〇〇〇。三ヶ村数百戸の集落が一瞬にして消滅させられたのです。あるいは集落に本当に内通者が幾人かいたのかもしれませんが、それでこの虐殺が正当化されるものではもちろんありません。

このとき日本側でも異を唱えた人がいました。炭鉱次長の久保孚《くぼとおる》や撫順公署参事官の山下満男らです。久保は、

「敵に通じた事実があったとしても住民を殺すのは反対だ」

と、この暴挙を止めようとしました。というのも、平頂山に住んでいたのは炭鉱労働者とその家族が中心だったからです。しかしこの合理的な主張は聞き入れられませんでした。

事実、事件は隠蔽《いんぺい》工作と厳重な箝口《かんこう》令にもかかわらず撫順の中国人の間に瞬く間に広がり、華北《かほく》に逃れていった労働者は一万人以上とも言われます。炭鉱で働く人が減り、操業に大きな影響が出ます。

事件は二ヶ月後には上海《シャンハイ》で新聞に載り、またアメリカ人記者のエドワード・ハンターが現地潜入レポを書き、国民政府が国際連盟で調査を要求。しかし日本側は強硬姿勢とのちには無視を決め込んで、うやむやになります。

戦後、国民政府によって炭鉱関係者一一名が戦犯容疑で逮捕されます。うち前述の久保・山下を含む民間人七名が死刑になりました。彼らは止めた側でしたのに……ほとんどスケープゴートです。中国の炭鉱関係者からも「おかしい！」と声が上がり、再審の願いも出されましたが、却下されました。

直接の実行者である軍関係者は転属や配置換えなどで異動しており、身柄確保を免れていたのです。撫順守備隊の隊長は川上精一大尉。虐殺に直接手を下したのは井上清一中尉率いる小隊（四十数名）です。

まさにこの事件は、襲撃を受けて被害を出し、「立場を失った」軍人が暴発した例です。「立場を守る」ために、ゲリラそのものならまだしも、関連があるかないかもわからない集落の全員を皆殺しにしました。完全に八つ当たりです。

結果すさまじい悲劇が起き、多数の中国人と戦後には日本人の命まで奪い、日本の国際的な名誉を毀損《きそん》し、そして事を起こした首謀者たちは罰せられることもありませんでした。

どこかで見た景色ではありませんか。

公害や薬害、原発など企業や官僚・政治家の不祥事。戦前・戦中・戦後を通じて、この「立場主義者」のメンタリティとその暴走の様子は、まったく変わっていないのです。


身柄の確保を免れた一人、川上精一は戦後の四六年六月一二日、宮城《みやぎ》県の漁村に潜んでいたところ、戦犯裁判法廷に逮捕されかけ、青酸カリを呑《の》んで自殺しました。死ぬということは、自分のやったことの恐ろしさを理解していたのでしょう。

もう一人の井上清一については興味深い逸話があります。

彼は二九歳のころ、満洲出征の直前、結婚したての二一歳の新妻を自殺で喪《うしな》っています。遺書と、台所に赤飯と鯛《たい》が遺《のこ》されていました。動機は不明です。井上は翌日「出発を延期するのは自害した妻の遺志に反する」と妻の葬式にも出ず予定どおり出発しました。

この一件を軍や社会が利用します。

「夫に後顧の憂いを残させるまいと自ら命を絶つ妻」

という美談に仕立て上げ、四つの映画会社で映画化されました。

翌年にはこの一件をキッカケに「大阪国防婦人会」が発足、「大日本国防婦人会」へ発展して、一〇年後には会員一〇〇〇万人を擁しました。

このように持ち上げられた彼が、ゲリラに加えられた屈辱を晴らすべく、『美談の主』としての「立場を守るため」に起こしたのが平頂山事件、という捉《とら》え方もできます。

あるいは、「陸軍軍人」という「立場」になりきってしまえば、妻が死のうが集落丸ごと皆殺しにしようが眉《まゆ》一つ動かさない。そういう捉え方もできます。

彼は平頂山事件の後、朝鮮で勤務中の三五年に再婚しています。四三年には陸軍大学校を卒業、参謀として呉《くれ》に勤務中、中佐で終戦。六九年、病気で亡くなりました。

この平然たる過ごし方は、ナチスのユダヤ人輸送計画に関わって死刑判決を受けたアドルフ・アイヒマンを彷彿《ほうふつ》させます。川上は己の罪に怯《おび》えていたかもしれませんが、井上はおそらくそうではないでしょう。

「その立場に立てばあなたもそうするだろう」

と思っていたのではないでしょうか。


平頂山では戦後、遺骨の発掘がなされ、一九七一年には記念館が建てられました。日本軍の卑怯《ひきょう》者による念入りな隠蔽工作のおかげで、現場は虐殺当時のままの状態で完全に保存されており、インターネットで画像を見ることもできます。衝撃的な画像ですので、心してご覧ください。日本人なら見ておくべきだ、と私は思っています。

「現実主義」という妄想

不思議なことに、この「立場主義」というものは「現実主義」という仮面を被《かぶ》ってよく登場します。もちろん立場主義者は現実主義者の顔をして、現実的な構想を「非現実的」と鼻で嗤《わら》います。

石橋湛山《いしばしたんざん》というジャーナリストがいました。敗戦後には首相にまでなった人物ですが、戦前にはリベラルな言論人として知られ、日中戦争については長期戦化を諫《いさ》める論陣を張りました。

そのため政府から監視対象にされ、彼が社主であった東洋経済新報社は紙の配給を大きく制限されるなど、嫌がらせを受けたこともあります。

彼は「軍事力ではない国防」を訴えます。日本にとっては政治・軍事ではなく経済・文化の主導権こそが重要で、さらに道義によって国を守らねばならない、と説く「小日本主義」を唱えました。

まさしく戦後そのように日本が発展した歴史を鑑《かんが》みれば大変な卓見・先見性と言えますが、当時は、

「なんて非現実的な」

と嗤《わら》われました。

石原莞爾の言い分を思い出しましょう。彼は、日本を「世界最終戦争」に勝てる最強の帝国に育て上げようとしました。そのために「満洲を領有する」というアイデアを抱き、それを実践しました。湛山風に言えば「大日本主義」の極致です。これもまた陸軍内部や政府中枢から空想・妄想の類《たぐい》つまり、「非現実的」と捉えられました。壮大な構想をぶつと永田《ながた》鉄山《てつざん》でさえ呆《あき》れたと言います。

そうやって彼らを嗤った「現実主義者」たちは、この両極端の真ん中を歩こうとします。この場合、具体的には「傀儡《かいらい》国家・満洲国樹立」であり、その後の「暴戻支那《ぼうれいしな》を膺懲《ようちょう》す」(暴虐な中国を懲らしめよ)、「国民政府を相手にせず」という奇妙なスローガンによる日中戦争ですが、これはどちらの方向にも向いていない、つまりヴィジョンなき行動です。そういう行動は、やるのはいいですがそこからどこへも行けません。ベクトルが定まってませんから。

結果、立ち往生、右往左往、泥沼化です。

石橋湛山。1884-1973。東洋経済新報社などを経て政界へ。1956年、第55代内閣総理大臣になるも、わずか2ヶ月後に急性肺炎で倒れ、辞職

例は極端ですが、世にいる「仮面夫婦」と呼ばれる人たちを想像してください。この二人の場合も、結婚生活がギクシャクしてきたならば、本来、選択肢は二つしかないのです。

・相互に理解し合うまで、とことん話し合い、ぶつかり合って、本当の夫婦になる

・離婚する

しかし彼らはその先に新しい展開のあるこの二つの道のどちらをも選びません。ただ現状を動かさない仮面夫婦を続けます。「現実的に」考えて、「この道しかない」とかなんとか言いながら。

そしてこんなときにこの二人、夫も妻もよく使うマジック・ワードこそが、

「私にも立場がある」

です。

立場はカッコつきの「現実主義」を生み出し、問題の解決を先送りし、それはとどのつまりは暴走であり、結果として、より過酷な悲劇を生むのです。

仮面夫婦によってひどい目にあうのは、家庭の最も弱いメンバー、子どもです。国の政策としてこれをやると、アジア太平洋戦争がそうであったように、社会の最も弱い人々にしわ寄せが行きます。世界大恐慌によって生糸バブルの崩壊した信州の農家が、開拓民と

して満洲へ駆り出された例などはその典型でしょう。

非現実的な「現実主義者」＝立場主義者がヴィジョンのない手を打つたびに、右に左に大きな振れが来て、慎《つつ》ましく生活している庶民がその波に呑み込まれてしまう……。

そしてそれは、七〇年後の今もまったく同じなのです。福島原発事故がその最たる例でしょう。開拓団のケースとそっくりです。甘い言葉と札束で許した国策つまり原発が、爆発してもう故郷に帰れない。中には飯舘《いいたて》村の住民のように、原発からなんの恩恵も受けてないのに被害だけを甘んじて受けねばならない人々もいます。

これも、事故が起きれば大変なことになることはわかりきっているのですから、

・事故が起きたときには納得の行く補償などがなされるよう前もって決めておく
・原発など諦《あきら》める

この二択でしかありえませんでした。しかし「現実主義者」たちはどちらをも「非現実的」として、「事故は起きないはず」というファンタジーに逃げ込みました。「立場上」原発を諦めることなどできないし、事故は起きないという「立場上」、補償や避難の計画は想定外というわけです。

結果はご存じのとおりです。もちろんこの場合も、東京電力の経営陣も、この国策を推進し続けてきた多くの政治家も、官僚たちも、だれ一人として責任は取っていません。彼らは、「粛々」と仕事をして、「粛々」と給料や退職金や年金をもらっています。

幕末、ペリーが黒船に乗ってやってきたとき、幕府は慌ててお台場《だいば》に大砲を据え付けて追い払おうとしました。二回目にペリーが来たときはこれを見て横浜に上陸したので何の意味もありませんでした。ペリー来航という大きな環境の変化に対して、建前や序列の意識でがんじがらめになっていた人々には、そういう小手先の対症療法が精一杯です。このがんじがらめによる無策が明治維新の引き金を引きました。

総力戦というのはいわば昭和の黒船です。慌てた陸軍は宇垣《うがき》軍縮による近代化という小手先の弥縫《びほう》策を取り、結果、昭和維新つまり二・二六事件を起こして自分自身のコントロールを失っていきます。

総力戦の出現という現実があり、日本にはそれができないなら、

①できるようにする。

②戦争をやめる。

の二択しかありません。これが現実主義なのです。

しかし陸軍の「立場」に立てば、現役の軍人たちをお払い箱にするような湛山案にも乗れなければ、莞爾案のようなヴィジョンにも何の興味もない。結果、身内でグチャグチャと意味のないことをしているうちに、国を滅ぼすことになったのです。

これが日本で言う「現実主義者」、つまり立場主義者たちのいつものパターンです。

長野の小さな村に横たわる重い歴史

そういった立場主義者たちの「現実的」な無理・無茶・無謀のとばっちりを受けるのはいつも弱い者、ごく普通の民衆です。

先ほど石原莞爾の件でも触れましたが、満洲でまさにその犠牲となったのが開拓団です。彼らの苦闘と悲劇についてすこし記します。

私は満洲国の研究をしている間、お恥ずかしい話ですが、できるだけ開拓団について考えないようにしていました。あまりにも悲しく辛く、そういったことを調べていると、弱い私はきっと精神の平衡を保てなくなり、研究にならない、そう思ったからです。

しかし二十数年を経て、ご縁は意外なところから繋がりました。

先年（二〇一四年）、東京大学教養学部で私の講義を受けていた医師の島田《しまだ》恵太《けいた》さんが、開拓団で有名な長野《ながの》県泰阜《やすおか》村の診療所で働いていたのです。彼は酔狂にも現役の医師でありながら、東大に入学して一年生をやっていました。島田医師が村へ呼んでくださり、講演する機会を得ました。一〇月二〇日のことです。

その際、泰阜村で陶芸家として活躍されている大越慶《おおごしけい》さんのお話を伺いました。大越さんは開拓団の方々から真摯《しんし》な聞き取りをされました。その証言などをもとにした書籍の出版を村は決定し、蘭信三《あららぎしんぞう》京都大学助教授（当時）や保健師として村で長年活躍されている池田真理子さんなど多くの方々のご尽力もあって『満洲泰阜分村　―七〇年の歴史と記憶』という書籍となりました。

それらを踏まえながら、開拓団の模様について考えていきたいと思います。

――一九三〇年、日本は前年起きた世界大恐慌のあおりを受け、今の不況などとは比べものにならない死活的な不況に陥っていました。農村では人口過剰と耕作地不足が深刻化。この年には豊作と朝鮮・台湾《たいわん》からの米流入によって米価が下落、翌三一年には東北・北海道《ほっかいどう》が冷害によって大凶作、さらに主要産業の一つである生糸の価格は半値まで暴落、と疲弊しきっていました。昼の弁当も持ってこられない子どもたち（欠食児童）や娘の身売りが社会問題になっていました。

政府は満洲に光を見出《みいだ》そうとします。例の「満洲農業移民百万戸移住計画」です。満洲へ移民して人が減れば、国内の農民も一人あたりの土地が増えて楽になる、そう考えたのです。なんという無茶苦茶な机上の空論でしょう。

しかし家族のいる人が、そんなに簡単に移民できるわけがありません。日中戦争が始まって召集者が増え、家族移民が減ると、代わりに青少年、一五～一八歳の若者が短期間の訓練ののち満洲に送り込まれました。これが「満蒙開拓青少年義勇軍」です。また彼らの結婚相手として、若い女性もいわゆる「大陸の花嫁」として送り出されました。

在郷軍人ではなく農民が送り込まれるようになったのには理由があります。一つには民間人ですとさすがに中国人の抵抗が少なかったこと。もう一つは先ほど示しましたように、ソ連との国境に配置して「人間の盾」にするためです。実際に三〇〇以上の開拓団が、都市からも鉄道からも遠い辺境の地に配置されました。

結局、敗戦直前まで全国で合計二七万人が満洲に渡りました。長野県は第一位、全体の一四%にもあたる三万七八〇〇人を送っています。

政府の人集めは手段を選びませんでした。

「村から〇〇人、満洲に送らないと来年の補助金は出さないぞ」

というわけです。当時の農村はどこも大変な財政難で、泰皐村でも学校の先生の給料も払えないほどでした。そこへ「分村移民」には年間予算を超えるような「特別助成金」が出るというのですから、懐柔というより脅迫です。

栃城《とちじろ》という集落は、村から集落ごと満洲へ行けと言われ、断りました。栃城にあった分校は閉鎖され、子どもたちは半日歩くような遠い学校に通わなければなりませんでした。


理由は様々でしょうが、移住を決意した泰皐村の人々が、やがて満洲にたどり着きます。ロシアに近い大八浪《ターパラン》という所でした。

彼らが最も驚いたのは、先ほど言いましたようにすでに畑や農家があったことです。名前は「開拓団」ですが、新たに土地を開拓したケースは少なく、中国人の畑や家を安く買い叩いたり、暴力で無理やり追い出したりしたところへ入植したのです。中国人は小作人・使用人となって生きるしかなく、これが大きな怨《うら》みを買いました。

大八浪はとても広大で地力も高かったようですが、やはり慣れぬ土地ですので結局中国人に農業を教わったようです。田んぼは朝鮮人が開拓したものでした。

全体で三〇〇以上の開拓国があったので、状況は一様ではないでしょうが、米を作っても供出で食べられなかったこともあったようです。電気も水道もなく水も合わず、伝染病で死んでしまった小さな子どももたくさんいました。支配者側の日本人でも苦労していたのですから、追い出され、抑圧された中国人や朝鮮人の暮らしはどうであったでしょう。新聞もラジオもないので、日本がアメリカと戦争を始めたことも、日本中が空襲で焼かれていることも、原爆が落とされたことも知らない人が多かったそうです。

そこで秘密にされていたことがあります。

関東軍のことです。南方戦線が大変なので、満洲を守るはずだった関東軍の主力部隊がどんどん南に送られていました。さらに終戦の年、一九四五年には、弱体化した戦力では国境を守ることは到底できない、と日本軍は判断しました。そこで満洲国の大半を諦め、図們《ともん》・新京・大連を結んだ線から南だけを守ることにしたのです。つまりほとんどの開拓団の人々が暮らす地域を放棄することを決定していました。

ところが、何も知らない開拓団は、ソ連が攻めてきても中国人が反乱を起こしても、必ずや精鋭関東軍が守ってくれると信じていました。

一九四五年八月九日、ソ連が日ソ中立条約を破って満洲に攻め込んできます。翌一〇日、泰阜村開拓団に召集が掛かります。本来開拓団を守るべき壮年男子が全員、いなくなったのです。もちろん先ほど述べましたように関東軍の主力は朝鮮国境に撤退しており、武器弾薬もろくにありませんので、そのままソ連軍の捕虜になりました。彼らはシベリアに送られて極寒の地で強制労働を強いられ、多くの方が亡くなりました。

開拓団残り一〇〇〇人ほどのうち、六〇〇人が一五歳以下の子ども、あとは女性と老人です。この状態で一二日「ソ連が来るから逃げなさい」という命令だけがきます。

逃避行が始まりました。近くの駅に最後の列車が来たのですが、乗るとむしろ危険だ、ということになりました。

そうなると歩いて逃げるしかありません。

一五日、戦争が終わりましたがそれを知るすべもありません。中国人が襲撃してきました。彼らは終戦を知っています。「立場」が逆転したのです。

長年溜《た》まりに溜まった憎悪が、報復の形で噴出します。関東軍はおろか、壮年男子もいません。中学三年生ぐらいの男の子が、旧式の銃を手にみんなを守りました。見つからないように畑の中を、あるいは夜に逃げました。食べ物も飲み物もありません。おぶった乳幼児がいつの間にか死ぬ。ついていけない子どもと年寄りが置き去りにされる。泣く赤子を我が手で殺す。集団自決もあったそうです。

二〇日以上歩いて、方正《ほうまさ》という街にたどり着きました。しかしそこにいたのは関東軍ではなくソ連軍でした。

そこで初めて、彼らは日本が負けたことを知ります。

そして収容所へ。そこからがまた地獄でした。配給もほとんどなく、冬の満洲に夏の服のまま。そこではソ連兵による暴行・略奪は日常茶飯事、ここでもバタバタと人が死にました。

送り込んだ国民をなぜ見棄てるのか

ここから脱出する方法が一つだけありました。中国人家庭に助けてもらうことです。

当時の満洲は移民社会の常で、女性が少なく、貧しくて結婚できない人も多かったので、女の子を嫁にやると約束して家族ごと助けてもらったり、女性は我が子と共に中国人男性の許《もと》へ身を寄せたりしました。身寄りのない子が中国人家庭に預けられたりもしました。

この人たちが残留婦人、残留孤児です。

忘れてはならないのは、ある日突然やってきて自分たちの生活を無茶苦茶にした日本人の子どもたちを育てた、養った中国人がたくさんいた、という事実です。自分たちの暮らしにも事欠く彼らに、命を助けてもらった逸話もたくさんあります。

戦争が終わったとき、満洲には一五〇万人の日本人がいました。日本政府による帰国事業は前期（四六〜四八年）と後期（五三〜五八年）に分けて行われ、ほとんどの方が前期に帰国しました。

前期に帰国できなかったのは留用された人たち（中国人民解放軍の前身組織や国民政府軍によって協力を要請された人。技師や看護師など様々な職種の人がいた）や、助けてくれた中国人の家庭から離れられなかった人たちなどです。

後期集団帰国の際は、日本政府が本人の帰国しか認めませんでいた。中国人と結婚して家族がいた人や、中国人の養父母がいた人も多く、そういったつながりを振り切って帰国するのは酷なことでした。

四八〜五三年の帰国事業の断絶も、多くの残留者を生む一因になりました。五八年には集団引き上げが打ち切られ、この人たちは中国に残されたままになります。日中国交正常化は七二年、日本政府が帰国支援を始めたのが八一年になってからです。実に終戦から三六年も経っていました。一二歳だった子どもはもう四八歳です。

その上、残留婦人については条件を厳しくしました（終戦時一三歳以上の女性を残留婦人と言います）。

終戦時に十二歳以下の残留孤児は、日本国内に民間の身元引受人がいれば永住帰国が許可されました。しかし、終戦時に十三歳以上だった残留婦人に関しては、肉親の身元引受人しか認めませんでした。どうしてこういう奇妙な嫌がらせを思いつくのか感心してしまいます。

しかし、ここで泰阜村は立ち上がります。国の言うことを聞いていたら、死ぬまで帰れない。死んでも帰れない。帰国子女特別学級や成人に対しての社会学級など、前例も文献もまったくない中で大変な努力をして帰国援助を続けました。こうして七〇人以上が帰国されました。

最後の帰国は二〇〇九年。終戦時九歳だった子どもは、七三歳になっていました。

泰阜村の開拓団員一一四四人のうち、半分以上の六二七人が満洲で亡くなりました。そしてこの六二七人は戦争で亡くなったのではなく、八月一五日の終戦後、亡くなったのです。二三〇人いた五歳以下の子どもに限りますと、生き残れたのはわずか二三人でした。

泰阜村の近く、河野村《かわの》（現豊丘村《とよおか》）では、分村移民した村民が集団自決するという最悪の結果になりました。ここも男性が緊急補充兵として根こそぎ動員され、残った女性と子どもがおたがいに殺し合う凄惨《せいさん》な、悲劇と呼ぶのも生ぬるい出来事が起きました。

送り出した村長は自殺されたのですが、それはこの事件に責任を感じたからだと言われています。

先ほどの満蒙開拓青少年義勇軍は二五一師団、八万六五三〇人にもなりました。この少年たちのうち亡くなった方は二万四〇〇〇人にのぼります。

大越さんは二〇一〇年、開拓団の生存者と、泰阜中学校の生徒たちと一緒に中国へ行かれたそうです。子どもたちは現地・方正中学の子どもたちとすぐ仲良くなりました。言葉が通じなくても繫がるものはあるのです。

ただ、近現代史をほとんど知らない日本の中学生と、多少偏っているとはいえしっかり学んでいる中国の中学生との違いを大きく感じたそうです。これでは平和について何かを語り合うことすら困難です。

私自身が中学生のころからずっと言われている日本の教育におけるこの「近現代史軽視」は「都合の悪いことの隠蔽工作」であって、ここに立場主義者たちの蠢《うごめ》きを感じるのです。

満洲開拓団だけですらこれだけの悲劇が起こったのを目の当たりにしても、

「私はそのときの立場に従って役を果たしただけだ」

「その立場に立てばだれでもそうするだろう」

「国策に反対することは立場上、できない」

と考えるのであれば、学ぶ・教わる必要もないし、学ばせる・教える必要もないでしょう。なぜなら次に同じことが起きても、その「立場」に立って「粛々」と上から命じられたことをするだけだから。

現に、

「言うことを聞かなければ補助金をもらえない・言うことを聞けば使い切れないような補助金が降ってくる」

は今まさに、原発立地でも核廃棄物処分場問題でも沖縄の基地問題でも、飽くことなく繰り返されている日本政府の、つまり立場主義者の、十八番の手法です。

この恐ろしい歴史の繰り返しから、私たちは今すぐ脱出せねばなりません。でないと次は我々自身が、開拓団のように棄てられるのです。

彼らの悲劇は、他人事ではありません。

数万人の命を救い、周恩来にも賞賛された男

さて、落ち込んだ気分を引き上げるために、日本人の勇者を一人、ご紹介しましょう。

敗戦後、開拓団を始めとして、膨大な数の人々が中国に取り残されました。ここで大活躍したのが満洲重工業開発の総裁、そう、鮎川に貧乏くじを押し付けられた、高碕達之助《たかさきたつのすけ》です。

八月八日にソ連が宣戦布告して翌日に侵攻してくると、事態に対応するために高碕は奔走します。その極度の疲労によって、高熱を出して人事不省に陥りました。満洲の最重要人物の一人ですから迎えの飛行機が来たのですが、病気のために乗れなかったのです。もし彼が飛行機で帰っていれば、喪《うしな》われた日本人の命はもっと増えたかもしれない、と私は思います。

目が覚めたのは敗戦後の一七日。すでに満洲国政府要人や関東軍幹部は逃げ出したか捕らえられたかで、残ったのは一般人だけでした。

高碕はそこから日本人会会長として帰還交渉にまたも奔走、撤退するソ連と進出してくる中国共産党軍、それに国民政府を交えて三つ巴《どもえ》四つ巴の交渉を展開しました。

敗戦国の残留国民の代表である彼には、何の力もありません。彼らにあったのは、満洲国の生産設備や経済機構に関する知識でした。それを手がかりに、困難な交渉を粘り強く繰り返し、それぞれの軍隊や政府から、さまざまの援助を引き出したのです。

四七年に帰国するまでに日本に送還した人の数、収容所の惨状などを考えれば、命を救った人の数と言ってもいいでしょう、これは一〇万とも二〇万とも言われています。

彼は「軍人というのは犬のようなもので飼い主につくが、産業人は猫のようなもので、家につく。どんな主人が来ても、猫はその家でネズミをとるだけだ」というように自分たちのことを表現していました。

後年、高碕が周恩来《しゅうおんらい》に会ったとき、彼は高碕の満洲での活躍をよく知っている、と言いました。毛沢東《もうたくとう》なき後の中国の指導者であった鄧小平《とうしょうへい》が、改革開放を推進したときに、「白い猫でも黒い猫でも、ネズミをとるのが良い猫だ」という話をしたことがよく知られていますが、ひょっとして、高碕のこの言葉が周恩来経由で伝わったのかもしれません。

高碕達之助。1885-1964。戦後は衆議院議員となり、経済企画庁長官などを歴任。外交面でも活躍した

高碕達之助は戦後に政界へ進出します。これほど豪胆でかつ経済を知る男は稀《まれ》です。

経済審議庁長官として、アジア・アフリカ会議（バンドン会議、一九五五年。欧米諸国の植民地支配から脱した各国が集まり、『世界平和と協力の推進に関する宣言』を採択）に出席。

また通産大臣として日ソ漁業交渉に挑み、六二年には国交断絶中の中国との間で（交渉を担当した廖承志《りょうしょうし》と高碕のイニシャルから）LT貿易と呼ばれる半官半民の大規模交易を成立させます。

六四年に亡くなったときには、かの周恩来が「このような人物は二度と現れまい」と嘆きました。毛沢東の片腕として、東西の英雄豪傑を見慣れた彼にそう言わせた日本人は、ほかにいないでしょう。

高碕達之助は大阪・高槻《たかつき》の出身で、彼の創業した東洋製罐も長らく彼《か》の地にありました。栄誉の面でも税収の面でも高槻に莫大《ばくだい》な貢献をした人物だと思われ、現に名誉市民の称号を贈られているのですが、その生家は二〇一三年、取り壊されてしまいました。

自治会館として使っていた自治会が「古くて使いにくい、維持管理が大変」と建て替えを決めたのです。自治会も、保存のために市が資金を出してくれるなら、なんとかしたいという意向だったと聞きましたが、高槻市は何の手立てもとりませんでした。

私はこれを、高碕の薫陶を受けた自民党に所属する古参の市議の方に聞いて、とても驚きました。戦後日本の最高の事業家にして政治家であり、現代史の極めて重要な人物であって、中国でも好感を持たれており有名であるため、その生家は将来的に大変な観光資産に育つ可能性すらありました。下手をすると日中友好にヒビを入れかねない暴挙でもあると考え、地元で講演したり、新聞に書いてもらったり、いろいろと手を打ったのですが、のれんに腕押しでした。

東大教授と自民党の重鎮市議が理を尽くして説明しても、何の反応もなく、市役所は華麗にスルー。そして築一五〇年、勲一等旭日大綬章《きょくじつだいじゅしょう》の英雄の生家は、ぴかぴかのどこにでもある自治会館になりました。

高碕のように自分の感覚や信念に従って大活躍をした英雄は今もなお、この日本立場主義人民共和国においては評価に値しない、もっといえば、煙たいので忘れてしまいたい存在なのです。

話がまた暗くなりました。すみません。

植民地を彩る数々の欺瞞

植民地というものは元来、ギマン・インチキ・ヤラセに満ちたものです。本来は本国の都合のいいように政治・経済・そして文化をもコントロールされているはずなのに、あたかも現地の人々が望んでそう決めているかのように偽装する必要があるからです。

また植民地の人々の中にも、本国の人々の中にも、「暴力によって支配される／する」という関係が精神的に耐え難く、「自分の意思でそうしている」という自己欺瞞《ぎまん》を抱いて現実から逃避する人が出ます。それを「植民地根性」といいます。

川島芳子《かわしまよしこ》という女性をご存じでしょうか。当時、大変人気のあった女性です。清《しん》朝の皇族の娘なのですが、日本人の養女になってこの名を名乗ります。一七歳で髪を切り「女を捨てる」という決意文をしたためて新聞に載せ、「男装の麗人」と注目を浴びました。モンゴル人との結婚・離婚後、上海で日本人軍人と交際して諜報《ちょうほう》活動に従事し(たと言われ)、ついには関東軍の自警団の総司令に就任しました。

そんな経歴から「東洋のマタ・ハリ」「満洲のジャンヌ・ダルク」と人気を博し、ラジオに出たりレコードを出したりもしました。その後、天津《てんしん》で料亭を経営。各界の名士が集ったそうです。そして戦後まもなく、潜伏していたところを国民政府に見つかって、漢奸《かんかん》(売国奴)として処刑されました。あまりの人気のため、処刑直後から生存説が長く囁《ささや》かれたほどでした。

つまり、清朝の皇女なのに日本人で、女なのに男で、民間人なのに軍の仕事に携わり、スパイなのに料亭を経営しマスコミに露出する。最後は処刑されたのに生きている。

幾重にも幾重にも偽装が重ねられ、結果、いったい本当の「川島芳子」とはどんな人物だったのか、周囲も、そしておそらくは本人にもわからなくなっているように思えます。

またそういう偽装のデパートのような女性に、日本中が熱狂しました。

逆のパターンももちろんあります。つい先年亡くなった女優で政治家の山口淑子《やまぐちよしこ》さんです。

彼女も満洲国期には「李香蘭《リーシャンラン》」の名で活躍しました。日本人男女の間に生まれたれっきとした日本人なのですが、奉天《ほうてん》で育ち、父の友人の中国人から義理の娘としてその名をもらったのです。当時は家族同士の縁の証《あかし》に、おたがいの子どもを形式上の養子にする習慣がありました。

完璧《かんぺき》な中国語に、素晴らしい美貌《びぼう》と透き通るような歌声で日本・満洲そして中国本土でも、それはもう絶大な人気を誇ったのですが、ほとんどの人が「中国人スター」だと思い込んでいました。

終戦後、中華民国政府から漢奸の裁判に掛けられた際、日本から戸籍謄本を取り寄せて日本国籍であることを証明しないと信じてもらえなかったほどです。後に帰国する際にも港で、ノーメイクのモンペ姿でなお「李香蘭だ！」とバレて一時拘束されてしまいました。

彼女は天津時代の川島芳子と親交を結んだそうです。通じるものがあったのでしょう。

戦時中の彼女の大ヒット曲に『サヨンの歌』があります（ちなみに作曲・古賀政男《こがまさお》、作詞・西條八十《さいじょうやそ》のゴールデンコンビです）。『サヨンの鐘』という映画の主題歌です。台湾の民謡的な雰囲気の明るい曲ですが、この元となった逸話は哀しいお話です。

日本統治下の台湾で、村人にとても慕われていた日本人巡査がいました。ついに彼も召集されて出征というとき、村人たちが荷物運びの手助けを申し出ます。一行は悪天候の中出発しますが、その中の一人、サヨンという少女が重い荷物を背負ったまま丸木橋で足を滑らせ、川に落ちて亡くなるのです。

これが愛国美談に仕立てあげられ、鐘と碑が現場に建ちました。それが「サヨンの鐘」です。

中国人のふりをした日本人が、台湾人の少女の役をして台湾民謡風の日本語の歌謡曲を歌う。そんな構図でした。

サヨンの逸話を聞いて「どこかで聞いた話だな？」と小首を傾げられた方もおられましょう。そうです『ポカホンタス』です。

たくさんの文芸作品や映画になりましたが、日本人に馴染《なじ》み深いのはと言うと、一九九五年に封切りされたディズニーのアニメ映画でしょう。

「インディアンの姫」であるポカホンタスが、イギリス人の探検家美青年スミスと恋に落ちます。愛しあう二人、しかし二人をめぐる行き違いから、インディアンと探検隊の間に紛争が起きます。巻き込まれたスミスは重傷を負い、イギリスに帰らざるを得なくなります。葛藤《かっとう》の末、ポカホンタスは生まれ故郷に残ることを選ぶ……こんな悲恋の物語です。

実はこちら、史実とはかなり異なる美談仕立てで、現実のインディアンの間では非常に評判が悪いのです。現実のポカホンタスは誘拐・拘束のうえ年の離れた男やもめ（スミスではない別の人）と結婚させられてイギリスに連れて行かれ、帰国の途上で若くして亡くなりました。

こうした「宗主国の文明を代表する若い男性に恋をする、植民地の美貌の少女」という著しく欺瞞的な「ポカホンタス」がどこでも作られるのです。満洲国では、その「美貌の少女・ポカホンタス」たる李香蘭が、日本人でした。なんというインチキぶりでしょう。

植民地においては、普遍的にこういう物語が再生産されていきます。

すなわち、本国・入植者側からすれば、

「いざこざも悲劇もあったけど、抑圧や暴力は最小限であり、心の交流もあった」

というストーリー。

植民地側にとっては、

「決して抑圧や暴力に屈しただけではなく、我々は普遍的な愛情や友情によっても交流したのだ」

というストーリー。

ともに自らの負の側面を偽装しようとする欺瞞です。

これを、

「この心性こそが植民地支配の正体だ！」

と見抜いた人物がいます。モーハンダース・カラムチャンド・ガンディー、通称マハトマ・ガンディー。インド独立の父です。

自らを追いこむ植民地根性

ガンディーは若いころイギリスに留学し、弁護士の免許を得ました。パリッと背広を着こなす大変イケメンな写真も残っています。それが皆さんのイメージするあの白い服を着て糸車を回すようになったのは、ある大きな挫折《ざせつ》が契機でした。

彼は南アフリカでのインド系住民への差別に対する闘いののち、一九一五年インドに帰国します。そのころ、前年から勃発《ぼっぱつ》した第一次世界大戦において、イギリスが将来の自治を約束して植民地インドに協力を求めたのです。ガンディーはそれを信じ、インド人にイギリス植民地軍への志願を呼びかけました。

そして裏切られました。戦後イギリスは何もしないばかりか、「ローラット法」という日本の治安維持法のようなテロ対策法を制定し、インド民衆を締め上げたのです。

ここに至ってガンディーは「イギリスに協力することは独立へと繋がらない」と悟り、有名な非暴力・不服従運動を起こすようになります。自らの失敗も踏まえて、

「イギリス人が暴力で支配しているのではない。インド人がイギリス人を引き込んでしまっているのだ」

と喝破します。

隷従こそが自分たちの生き方だと思い込んでいる。一人一人の魂が売り渡されている。「魂の脱植民地化」ができなければ、永遠にインドは植民地のままだ。逆にいえば、魂の脱植民地化さえできるのなら、植民地支配などというものは消えてなくなる——こう考えたのです。

スワラージ（自治）という言葉はイギリス帝国内での自治を意味していましたが、彼はこれを独自の政治思想へと昇華し、「自分のことは自分で決める、自分を統御する」と読み替え、これこそが結果として政治的な独立へと導く、と主張しました。

これが非暴力抵抗運動、「サッティヤーグラハ」です。真理（サッティヤ）にしがみつく（アーグラハ）。真理とは「自分自身の魂の教えること」です。

しかし人間は、本当のことを言われると逆上してしまうものです。この、「悪いのは自分たち自身の中に潜む植民地根性だ」という正論はあまりにもラディカルで厳しいものであり、反発も生みました。

インドが政治的独立を得たあと、ほかのだれでもないヒンドゥー教徒のインド人にガンディーは暗殺されてしまいました。

私たちは今、満洲国に住んでいる

戦前、満洲で大活躍をした政治家がいます。

岸信介《きしのぶすけ》です。

憲法学者・上杉慎吉《うえすぎしんきち》が大学に残れと強く勧めたほど東京帝国大学の優等生だった岸は当時花形でもない農商務省を選び、みるみる頭角を現して三六年に渡満します。そこからは八面六臂《はちめんろっぴ》の大活躍、先述の「満洲産業開発五箇年計画」の実行に辣腕《らつわん》を振るい、政財界に人脈を広げます。政府からも軍部からも頼りにされ、三九年内地に帰ってからは商工大臣として物資動員のすべてを取り仕切り、東條《とうじょう》と対立して内閣総辞職のキッカケにもなるなど政界で重要な位置を占めました。

戦後、A級戦犯容疑から無罪放免となり政界に復帰。病に倒れた石橋湛山の後継として首相に就任します。岸首相の大仕事といえば、やはり日米安保条約の改定でしょう。一九六〇年のことで、賛成反対入り乱れて日本中が大荒れに荒れました。

日米安保条約の意味については様々な捉え方ができると思います。ですが満洲国を研究した私には、これが「日満議定書」（満洲議定書）のコピーとしか思えないのです。

三二年九月、できたての満洲国と日本の間で調印されたこの議定書で決められたことは、主に、

・満洲国の承認
・満洲での日本の既得権益の維持
・共同防衛の名目での関東軍駐屯の了承

です。

岸首相が結んだ新安保条約の主要な改定点の一つは、第五条に、

各締約国は、日本国の施政の下にある領域における、いずれか一方に対する武力攻撃

が、自国の平和及び安全を危うくするものであることを認め……共通の危険に対処するように行動することを宣言する。

という一見したところ双務的な条項が入っている点です。一方、日満議定書には、

日本国及満洲国ハ締約国ノ一方ノ領土及治安ニ対スル一切ノ脅威ハ同時ニ締約国ノ他方ノ安寧及存立ニ対スル脅威タルノ事実ヲ確認シ両国共同シテ国家ノ防衛ニ当ルベキコトヲ約ス

という条項が入っています。実は私は、日満議定書は大学院生のころからよく知っていたのですが、安保条約の方は、最近まで条文を見たことがありませんでした。ですから、新安保条約の第五条を見たときに、「こんなにもよく似てたんだなぁ」と感嘆しました。

首都の上空は今もアメリカ軍が管制しています。アメリカ軍関係者やCIA関係者は横田基地や横須賀基地にやってくると、ヘリで六本木ヘリポートまで飛び、そのままアメリカ大使館やニューサンノー米軍センター（米軍専用のホテル兼会議場）に移動できます。つまりパスポートがなくても自由に日本の中を動き回れるのです。そして日本人は、これに

見て見ぬふりを続けています。

因果応報、これこそが「植民地根性」です。

植民地に関わった者は、本国側であれ植民地側であれこういう状態を「あたりまえ」「普通」「正常」だと思うようになります。ガンディーが自分を含めたインド民衆に感じた心性、「植民地化された魂」です。

結果、岸は若いころ自分が満洲に対して行っていたことを日本に対して行った、ということになるでしょう。

とどのつまり戦後日本というのは、アメリカの半植民地なのです。昭和天皇は傀儡の皇帝・愛新覚羅《あいしんかくら》溥儀《ふぎ》にあたるでしょう。植民地経営に都合がいいし国家の体《てい》が整って（まさに「國體護持《こくたいごじ》」です）国際社会も納得するから担ぎ出した（残した）だけです。

岸の孫、安倍《あべ》晋三《しんぞう》は二度目の首相就任で、

「日本を取り戻す！」

と絶叫し、「押し付け憲法を変えろ」とか「自衛隊を外国へ派遣しろ」と言います。しかしこれらは議論のポイントが間違っているのです。

日本にとって根本的な、最大の問題は、この「魂が植民地化されている」という事実です。ここから脱することなしに、憲法を変えても軍隊を持ってそれを海外へ出しても、私たち自身は何も変わりません。日本は取り戻せないのです。

沖縄・普天間《ふてんま》基地移設問題で、反対派の翁長雄志《おながたけし》知事が誕生しました。翁長氏は県自民党の重鎮でバリバリの保守にもかかわらず、「もう我慢ができない」と知事選に打って出たのです。保革が協力して大差で現職を破りました。

しかし上京した新知事に、安倍首相も菅義偉《すがよしひで》官房長官も会おうともしませんでした。辺野古《へのこ》の海では埋め立て工事が始まります。反対派のカヌーや小舟が海上保安庁に排除され続けています。ある女性映画監督は馬乗りになって首を絞められ、職員に乗り込まれた小舟が転覆しそうになって乗員が海に投げ出され、あるカヌーの主は沖合いでパドル(櫂《かい》)を奪われたそうです。命に関わる危険な行為が繰り広げられています。

まさにそのころ、安倍首相はテロ組織に日本人人質が惨殺された事件に事寄せて、

「日本人には指一本触れさせない！」

と啖呵《たんか》を切りました。

アメリカ軍ではなく、日本人が日本人に対して暴力を振るい続けているときにです。宗主国に跪《ひざまず》いてそのお零《こぼ》れに与《あずか》ろうとする人々と、それに抵抗する人々。「分割して統治せ

よ」の典型例です。まさにガンディーが示した「インド人がインド人を抑圧する」構図です。

この植民地化された魂は、日本を、特に支配的な地位にいる政治家・官僚・大企業の経営陣などなどを、覆い尽くしています。

彼らは、いや、私たちは、自らが八〇年も前に満洲に対して行った「植民地化」という蛮行・暴力を振り返り、心に刻んで反省する勇気がないのです。それを偽装と欺瞞で意識にのぼらないようにのぼらないようにしようとし続けています。ゆえに、いつまで経っても自分たちの「被植民地化」に目を向けることもできません。

結果、この情けない状態を心を歪《ゆが》めて受け入れるしかなく、この歪められ・蓋《ふた》をされ・押し潰《つぶ》された「魂の悲鳴」は、自殺・ハラスメント・いじめなどの多くの形で、私たちの日常にもあふれ出してくるのです。

私たちは今、「満洲国」に住んでいるのです。

エピローグ　――あなたはあなたを取り戻す

本来の感覚を取り戻す

ではそこから、植民地から脱却する方法はあるのでしょうか。

やはりチェ・ゲバラのように暴力を用いて革命を起こすしかないのでしょうか。

いいえ。

暴力はむしろ問題を悪化させます。それこそフランス革命以来、たくさんの暴力革命が行われました。ロシア革命もそうですし、辛亥《しんがい》革命から中国共産革命。

しかし、暴力に依《よ》って成立した政府は、もっと暴力的になるのです。その後のソ連政府が大粛清で、中国政府が大躍進や文化大革命のような誤った政策で、殺した人の数は数えるのも恐ろしいほどです。

革命の中で人類をいい方向に少しでも向かわせてくれたものは、非暴力的抵抗に拠るものです。

ガンディーのサッティヤーグラハ、キング牧師の公民権運動、ネルソン・マンデラの反アパルトヘイト、現在ではミャンマーのアウン・サン・スー・チーの民主化運動など。

ですから私たちが植民地から脱するためには、「魂の脱植民地化」という非暴力的抵抗による必要があります。

それは、

「自分自身であることへの罪悪感からの離脱」

と言い換えることができます。

人間はとても弱くて、ポカホンタスの物語のように、抑圧・被抑圧から無意識に目を背けることができてしまうのです。背けたことによって歪《ゆが》みが生じて、罪悪感が発生します。その罪悪感が本来の感覚を押し潰《つぶ》し、どこに向かって何をしていいのかわからなくなり、暴走する。ここから逃れるには、「真実」に目を向けるほかありません。


本書の元ともなっています『「満洲」の成立』を刊行したときに、遼寧省《りょうねいしょう》出身の劉建輝《りゅうけんき》教授（国際日本文化研究センター）はこうおっしゃいました。

「この本を読んで、子どものころの記憶、馬車、車店、馬車の修理工、雉《きじ》を担いでくる伯《お》父《じ》、などがすべて蘇《よみがえ》った」

魂がそのあるべき姿を思い出した瞬間だと言えましょう。

また二〇一二年に亡くなった作家の丸谷才一《まるやさいいち》さんも、この本をとても褒めてくださいました。満洲事変が起きたとき、大人たちが喜んでいるのを見て、六歳ぐらいの才一少年は、

「なんて大人はバカなんだろう」

と思ったそうです。でもそのとき、なぜそんなこと（満洲事変）が起きたのかよくわからなかった、でもこの本を読んでようやくわかった、と。

こうした感覚を取り戻すことが、たとえば東北人が東北人であることを思い出す、あるいは、子供心に感じた疑問を解消する、それが自己の感覚の回復につながり、さらにそれが文化や自然環境を豊かにします。社会の生態回復のポジティブ・フィードバックが廻り出すのです。

私が男装をやめたわけ

実は私は、つい最近、女装を始めました。というより、男装するのをやめました。

以前の私はフルビアードの髭面《ひげづら》にチェ・ゲバラのTシャツを着たり、懐かしの「トンビ」と言われる外套《がいとう》をオーダーしたり、それなりに男臭い恰好《かっこう》を楽しんでいました。

ところがダイエットに成功して痩《や》せ、ズボンのサイズが合わなくなったのです。元々ウ

エストが細くて太腿《ふともも》の太い体形でフィッティングには苦労していたのですが、そのときパートナー（恋愛対象は女性です）が、「女物はそんな形だからはいてみたら？」と提案してくれたのです。

はいてみるとピッタリでした。

女物ボトムスにトップスが男物というのも変なので上も女物を着るようになり、最初は「男性として女物を着こなす」感じだったのですが、そうこうしているうちに、女性の姿をしていることで「ただならぬ安心感」に満たされていることに気がついたのです。

おそらく自分の中に女性的なものが相当あるのでしょう。そもそも人間の脳や心は大変複雑なものですから、男性一〇〇％、女性一〇〇％などと単純に分けられるものではない、と思います。

重要なのは、この点について私は五〇年以上、「気がつかなかった」ということです。自分の中にある女性性に早くに気づいてそれを押し殺す、我慢するのもとても人変だと思いますが、知らない、気づかないのも問題です。気づいていなくとも、ストレスは掛かっていますから、それがおかしな方向に噴き出してしまうのです。

現に男装するのをやめてから、私の表情は変わりました。写真を撮ってもらいますと、男装のころはトレードマークのようにいつも「へ」の字だった口元が、微笑んでいるのです。また私は口が災いして、特に男性に嫌われることが多かったのですが、それがずいぶん減りました。おそらく以前はトゲトゲしていたのでしょう。

まさに「人生が変わった」というのがおおげさな表現ではありません。

ことほどさように、現在の日本人は子どものころから「立場」をはじめとする各種の抑圧に魂を押し潰されているので、

「自分の本来の姿」

を感じることや思い出すことが、とても困難になっているのです。

それでも、この「本来の姿」を隠したり歪めたりして、別の人間になったり、他人の人生を歩んだりしてはいけないのです。本来の感覚を回復させ、心や身体の本当にか細い声に耳を傾けて、自分を取り戻さなければなりません。

第一章で見たような、満洲で行われた、収奪的な「開発」は、「自分自身の本当の利益」を見失った人々の暴走にほかなりません。

こんなことをしていたら、まず長期的にいつか自分と生活の存立する基盤が失われます。そして短期的にも、おそらく自分自身が本当にやりたいことではないので、どこかで無理が出て、それが八つ当たりの形で噴出し、自分を含めただれかに被害を与えます。

だからこそ「自分自身の本当の利益」に対する感覚の回復、つまり「魂の脱植民地化」によって暴走を止めなければ、私たちは生きていけなくなってしまうのです。

この感覚をまだ失っていない人々もいます。

ちいさな子どもたちです。

彼らの心身を大人が守って、彼ら彼女らから逆に正しい感覚を教えてもらう。もちろん大きくなったらその自由な魂でのびのびとやりたいことをやってもらう。これが、とても大切なことだと思います。

サボって負の連鎖を止める！

と、カッコイイことを言っていますが、私も昔はずいぶんと（今でも結構）その感覚を見失っていました。そのときのお話をして、今、現に押さえつけられて苦しんでいる方の参考になれば、と思います。

いえ、難しい話ではありません。ただ単純に「サボる」ということです。

私は大学を卒業して住友銀行（現三井住友銀行）に入りました。その少し前にプラザ合意があって、円高がはじまります。日銀が市場にお金を大量に供給しましたので、余ったお金を土地融資・投資などに突っ込んでいくようになったのです。まさにバブルが膨らんでいく時期でした。銀行という銀行が「金を貸せ」と銀行員を叱咤《しった》激励しました。

銀行の教科書には、土地が急激に値上がりする局面では担保価値を慎重に見積もれ、とあります。急に上がったものは急に下がりますから、リスクを回避しろというわけです。道理ですね。

ところがこのときの各銀行は地価の上昇速度を上廻る勢いで、評価額を上げていきました。元々は評価額が実勢よりかなり低かったのですが、それを、急上昇する実勢に近づけたのです。そうやって引き上げた評価額に従って、貸出を大胆に行ったのです。それでどうなったかというと、仕事量が増えるのです。真っ当な融資案件でしたら簡単な書類数枚書いて済むものが、怪しい案件にお金を貸すとなると山のような書類を書いて各部門から認めてもらう根回しや交渉が必要になります。かくして貸出額以上に、仕事量が増えました。

過労で次々に人が死にました。でもそうやって猛烈に働いたおかげで、銀行の融資額はうなぎのぼりです。

そのころ、三和銀行（現三菱東京ＵＦＪ銀行）に立派な支店長がおられました。上からのプレッシャーにノルマ、どんどん不動産融資をしろという命令が来ているときに、行員たちに「普段通りやりなさい」とおっしゃったのです。

ほかの支店がみんな徹夜で仕事をしているのに、その支店だけ五時帰り。当然数字は上がりませんから上層部はおもしろくない。彼は二年ほどで出向させられました。左遷です。

やがてバブルが崩壊しました。

バブル全盛期の二年半、多くの銀行員が文字どおり死ぬほど働いて「がんばった」支店ほど焦げ付き、膨大な赤字を出しました。逆にこの支店は焦げ付きがほとんどなく、通常の黒字成績を出したのです。

つまり、サボればサボるほど、損害は少なくなったのです。

本来はこのとき、この本質を見失わなかった支店長さんに戻ってきてもらって、頭取にでもすべきでした。しかしそのまま、膨大な赤字を出した経営陣が居座りました。

私は銀行員二年目に、この狂騒曲に疲れて一年上の先輩に問いました。

「こんなメチャクチャなことやってて、どうなっちゃうんでしょうね」

「そりゃ住宅ローンの保証会社なんかが全部潰れるだろ」

と彼は予言しました。人一人はきちんとわかっていたのです。

でも暴走しました。暴走の後始末もしませんでした。

満洲事変から太平洋戦争への流れと同じです。

この例のように、「何か変だな?」ということが起き始めたとき、立場主義者的な「しかし立場上しょうがない」モードでがんばると、例の悪循環、ポジティブ・フィードバック・ループを廻すことに加担してしまうのです。

だから「変だな」と感じたら、「そんなはずはない」と歯を食いしばってはいけないのです。その状態が続くなら、

「変だな」↓「苦しいな」↓「しんどいな」↓寝こむ↓病気になる↓倒れる

というのが、むしろ正しい態度なのです。もちろん、寝こんだり病気になるよりは、

「勇気をもってサボる」

このほうがずっと立派です。皆がそうやってサボったり倒れたりすると、システムは動かなくなります。そして暴走は止まるのです。

バブル時代に一生懸命働いて一〇億円貸した銀行員は、銀行に一〇億円の損害を与えました。しかし、もしその銀行員が、倒れたりサボったりしていれば、銀行は一〇億円助かったのです。そうであれば銀行は、一生懸命働いた銀行員を左遷し、サボった銀行員にボーナスを出して昇進させるのが合理的というものです。

じゃあその「変だな」はどうやって決めればいいのか。

これはもう、それぞれの人がどう感じるかにかかっています。そして感じたことをどう表現するか。ここに暴走を止める重要な鍵《かぎ》があります。

立場主義を打ち砕く

実は、現代日本ではすでに「立場主義」は機能しなくなっているのです。

コンピュータが出現したからです。

日本が戦後豊かになったのは、「立場」によってそれぞれの持ち場を必死で守り、心を一つにして巨大な機械や工場を運用し、その結果、すばらしい工業製品をどんどん生産したからです。

しかし、それはもう時代遅れです。工場は自動化が進み、機械をコンピュータが管理するようになりました。

昔は「オートメーション工場」という言い方をしました。今は聞きません。なぜなら工場がすべてオートメーション化されたからです。逆にそうなっていない手作業の工場のことを「工房」という麗しい名で呼ぶようになりました。

しかもオートメーション化は、工場ばかりか、オフィス・オートメーション、マーケティング・オートメーションと拡大しています。こうなると必要とされるのは、そのコンピュータの管理ができるような少数精鋭の知的労働者か、ロボットを投入することすらためらわれるほどの単純作業を繰り返す低賃金労働者か、どちらかだけなのです。

その結果、資本家や先進国のごく一部が世界の富を総取りし、新興国の労働者が一つ一銭みたいな仕事を黙々とこなしていて、あとはいりません、ということになりました。日本の立場主義者には、もう立場がないのです。

それでは困りますから、その人たちの生活、いや立場を守るために、お金を刷って、無駄な公共投資などの無意味なことに注ぎ込みます。こうして財政赤字が膨らんでいきます。国債つまり借金で立場を購《あがな》っているのです。

これが今の日本の暴走の中身です。

逆に言えば、立場主義にトドメを刺すにはこの逆をやればいいわけです。「立場を守って必死でがんばる」よりもいい方法、楽しい方法、もうかる方法があらわになれば、自然とみんなそちらを採用するようになります。当然ですね。

まずはイノベーションでしょう。新興国ではまず出てこないような新しい価値を生み出す。つまりそれは創造です。

そのためには「がんばる」では絶対無理なのです。暴走して毎日午前に帰って朝早く出勤するようなバブル生活に浸っていたら、忙しくて創造などできるわけがないのです。

むしろ未《いま》だにそういう生活を送る人たちは、自分の魂が本当の価値を見出《みいだ》すのが怖くて、自らそういう生活に飛び込んでいる可能性も高いのです。

なぜなら「本当の価値」がわかってしまったら、仕事はもちろん、人間関係、これには親兄弟や配偶者といった非常にクリティカルなものまで含みます、それらが「自分にとって何の価値もない」とわかってしまうかもしれないではないですか。

ですからがんばらないで、サボって、新しいものを生み出していけるような心の余裕を持つことです。これが一つ。

もう一つは自然環境と伝統文化を大切にする、ということです。

私は毎年、中国に学術調査に赴きますから、旧満洲を含むかの大陸がいかにボロボロになっているかをよく知っています。日本の山間の村、たとえば文中でもふれた長野県の泰阜《やすおか》村のような、緑豊かな自然などは本当に少ない。つるっぱげの山々、それも公害などで大変汚染されています。山も海も川も、それからPM2・5騒ぎでご存じのように、空も。

北京では空港に降りるといつもいつも、モヤか霧がかかったように真っ白です。

それだけ汚れているのです。

モノも情報もタイムラグなしに世界中で同じものが手に入る現在、本当に価値のあるものは「そこにしかないもの」だけです。

その代表が豊かな自然と文化です。この自然と文化こそが日本の最大の財産です。これをどうやって経営資源に、ありていにいえばお金に換えるか、これを考えるべきです。

中国人観光客には北海道《ほっかいどう》が大変な人気です。

澄んだ空気に美味《うま》い食事、それに緑あふれる大地。どんどん遊びに来てどんどんお金を落としてくれます。

こういう面でのアイデア、「どうやって楽しんでもらうか」「喜んでもらうか」、これも創造です。ですからこれもまた、「がんばる」と出てきません。サボって、遊んで、いままでやったこともないようなことをしてみる。そういう遊び心から生まれるものです。

満洲から引き揚げてきた開拓民の方は一様に、本当に辛《つら》かった、と当時を振り返ります。近親者を亡くされた方も多く、棄民した日本政府に怨《うら》みもありましょう。

しかし「もう一度行きたい」「あそこは良かった」と思い返される方も多いのです。生活も自然環境も本当に厳しかったでしょうから、なぜだろうと不思議に思うのですが、ひとつ考えられるのは、日本中に網の目のように張り巡らされた「立場」から自由だったから、ではないでしょうか。

その解放感は相当なものだったようです。「自由だった」「鬱陶《うっとう》しくなかった」という印象を満洲関係者の多くが語ります。

安部公房《あべこうぼう》や小澤征爾《おざわせいじ》といった戦後早くに世界的に活躍した人々が満洲縁故者であるというのは偶然ではないようです。満洲のあの風通しの良さを知っていると、日本にいると息が詰まっておかしくなりそうになる。だから世界へ飛び出す。その感覚はおそらく今でも、世界で活躍する日本人の中にあるのではないか、と思います。


ジャム！


マイケル・ジャクソンという世界中で何億枚ものレコードを売った超人気歌手がいました。私は彼を偉大な思想家だと考えているのですが、彼に「Jam」という名曲があります。

この歌で彼は、世界の様々な問題を解決するために、

「みんなもジャムできるだろう！」

と訴えかけます。

交通渋滞を「traffic jam」と言うように、「ジャム」とは「物事がスムーズに流れない状態」のことです。では逆に「物事がスムーズに流れる状態」とはどういうものか。

彼はこう言います（拙訳）。

私は仲間たちに言った。

「私に頼み事をしないでくれ。

私はシステムによって条件づけられている。

私に話しかけないでくれ。

叫んだり怒鳴ったりしないでくれ」

まさに立場主義者たちが暴走している様、そのものです。

「自分は悪い子なのではないか」という怯《おび》えが「スムーズ」であることを渇望し、「ジャム」を遠ざける。スムーズであるということは、他人の目を気にし、他人の評価を気にして生きる、つまり他人の地平を生きることです。

ここから脱すること、心の平安を取り戻し、自分自身を生きることそのものが、「ジャム」すること、なのです。

要するにマイケルも、

「嫌だと思ったらサボれ！　アオ！」

と言っているのです。

こうしてみれば、「魂の脱植民地化」などと言うと言葉はおおげさですが、とても簡単なことなのです。

あなたがあなたであること。

それは姿勢です。態度です。能力でも結果でもありません。だから勇気一つさえあれば、今日から、いや、いますぐここから、できることなのです。

このことについて、孔子は次のように言っています。

子曰、仁遠乎哉。我欲仁、斯仁至矣

（論語述而）

先生が言われた。

仁は遠いものだろうか。

いや、私が仁を欲すればそれで、仁はここにある。

あとがき

私は、二〇一三年度の冬学期に、東京大学の教養学部で「現代経済理論Ⅱ」を担当しました。これは、同学部のある高名な先生が、拙著『経済学の船出』（NTT出版）を読み、学生にぜひひとも教えて欲しい、とご提案くださったのです。

大変光栄に思いお引き受けしましたが、ひとつお願いをしました。事前に録画した私の授業映像をインターネットで学生に見てもらうことと、行われた授業をインターネットで公開する、ということでした。そんな実験的な授業をしてみたかったのです。その先生はこの提案を有意義だとし、ほかの先生方とも相談の上、問題ないという判断を得て、許可してくださいました。

ところが、いざ講義が始まりましたら思わぬことが次々と起こりました。本部の広報部から始まって、教養学部の各所から、さまざまの圧力が掛かったのです。彼らは、「授業は原則非公開」とか「大学が授業の著作権を持っている」とか「ルールがないからやってはいけない」とか「業者に利便を供与している」とか「未成年の肖像権の問題がある」とか、次々に根拠のない屁理屈を捏《こ》ねたり嘘をついたりして、私のネット公開授業をやめさせようとしたのです。

おもしろいのは、当初はダメージを受けた私が、どうもおかしいと思って気を取り直し、理由を説明して欲しいと聞くと、その話がパッと引っ込んでしまうことでした。そうしてそれまでの話がまったくなかったことになり、次のネタが出て来るわけですが、こっちが恐れ入らないと、どんどん重い立場の人が出てきます。立場の重みで私を凹ませようとしているのでしょう。彼らのやり方を体験することで、本書で描いた立場主義の暴走原理が、今も作動している、という実感を得ることができました。詳細は記しませんが、延々と続く大小さまざまの軋轢《あつれき》があり、私は非常に消耗し、原因不明の腹痛にも悩まされました。

また学生たちも、風見鶏体質が骨の髄まで染み込んでいるのか、この軋轢を伝えたところ最初は百人以上いた受講者が急速に減り、最後は三人ほどになってしまいました。まぁ、授業はネットですべて見られますから、合理的行動と言えなくもありません。とはいえ、この授業のシステムや内容を歓迎してくれていた学生たちがかなりいたはずで、彼らが教養学部に抗議してくれないかな、とかすかに期待していたのですが……。

予想どおり、翌年度は授業を依頼されませんでした。そういうわけで、私はこの授業を引き受けたことを後悔しておりました。特にわざわざ依頼くださった先生は板挟みになり、大変なご苦労をされたので、本当に申し訳ありませんでした。

しかし、この授業には大きな副産物がありました。

最後まで出席していた三人のなかの一人は、本文でも紹介した長野県の泰阜《やすおか》村の医師・島田恵太さんでした。過疎の高齢化が進んだ村での仕事は、主として治療ではなく、老人を看取ることだそうです。そこで彼は、これまでの知識がほとんど役に立たないと思い、大学入試を受けて、東大の文科三類の一年生になっていたのです。彼が、遠く長野県から通って聞きに来ていた教養学部の授業の一つが、私の担当した科目でした。

彼は私の考えに興味を示し、村長さんと相談して村の講演会に招いてくださいました。この少し前に編集者の堀由紀子さんから新書書籍の依頼を受けていました。そこでこの講演がうまくいったら、それをもとに本を作ってはどうか、と提案しました。

私は、気合をいれてスライドをつくり、これまでに満洲について考えてきたことをすべて凝縮しようと準備しました。泰阜は本文でも紹介しましたが、満洲分村という重い歴史をもつ村です。なぜ村の人々が千人以上も満洲に連れて行かれ、放置され、数百人が死なねばならなかったのか。理由が明らかになるように、とお話ししました。

泰阜村での講演はたいへん有意義でした。本文にも書きましたが、私は開拓団の問題からずっと目をそらしてきたのです。それはあまりにもひどく、つらく、悲しい話だったので、痛いことが嫌いな私は、受け止めかねていたからです。島田医師がたまたま授業に出ていたことは、開拓団の問題を考えるように促す、神のお告げだったのでしょう。

本書は、このようにして行われた講演の録音を起こしたテキストがもととなっています。脚本家・作家のながたかずひささんが、私との議論にもとづいて初稿を書き上げ、その原稿に私がさらに手を入れて、本書はできあがりました。

ひとつ申し上げておかねばならないことがあります。それは本書が私の力量を上回るテーマを含んでいる、ということです。勉強しきれていないことを多々含み、元原稿には顔から火の出るような勘違いも多々ありました。にもかかわらず本書を出版することにしたのは、この本で描いた全体イメージに到達するのに、四半世紀近い時間が掛かっており、この全体像を間違いない形で本にするには、もう四半世紀くらいの時間が掛かる、と思ったからです。私の年齢ではこの巨大な本を完成させることは無理かもしれません。

また、現代日本はここで描いたような暴走プロセスに一歩一歩入っているように感じます。四半世紀後に出版したのでは、すべてが終わってしまっているおそれすらあります。この段階でのイメージをスケッチし、皆さまの批判を受けたほうが有意義だと考えました。今回は、ながたさんが文献を調べ、出版社の校正者さんが多数の誤りを摘出してくださいました。それでもまだ残っているでしょう。どうぞお気づきの点をご指摘ください。

本書は、深尾葉子（大阪大学准教授）と共に編集した『「満洲」の成立～森林の消尽と近代空間の形成』に大幅に依拠しています。私の尊敬する作家であった丸谷才一さんが、『オール讀物』（2010年9号、文藝春秋刊）にて、この本のことを次のように紹介してくださっています。

「……この本は、満州は中国のほかの地域とどう違ふか、なぜ違ふかといふ研究である。七人のいろんな方面の学者（経済学者が多い）による学際的著作で、じつにおもしろい。いはゆる経済学書とはまるで違ふ。

たとえば序章は編者の一人である深尾葉子さんが書いてゐて、「バイコフに捧ぐ」。わたしはこれを見て何が何だかわからなくなり、え？　あのバイコフ？　虎のバイコフ？　とびつくりした。

（中略）

わたしはなるほどなあと大きくうなづき、これで幼少のころ以来の疑問がかなり解けたと喜んだ。そして、これはおもしろい共同研究だ、環境問題を含む新しい特異な角度から近代アジア史を眺望している、彼らが尊敬するブローデルの学風をじつによく学んでゐる……。この本について司馬（遼太郎）さんと語りあひたかつたなあと思ひながらわたしは缶ビールを飲み、枝豆（満州大豆にあらず、鶴岡は白山のダダチヤ豆）を口にする。

私はこのエッセイを拝読していたく感激し、丸谷さんとこの本について語りあひたい、と切望していたのですが、お会いできないでいるうちに、天寿を全うされました。

本書は、新書という性格上、どこがどのようにこの本に依拠しているかを詳しく表示することができておりません。『「満洲」の成立』に貢献してくださった共同研究者の皆さまには、その点をお許しいただきたいと思います。また、本書で興味をお持ちいただいた方には、ぜひとも、この本を読んでいただくよう、お願いします。

２０１５年５月１日

門真にて　安冨歩

写真、図版出典

P8　満鉄会『満鉄四十年史』（吉川弘文館、2007）などをもとに作成
P14　上：バイコフ『偉大なる王』　下：一色達夫、宇野木敏編『写真集［満洲］遠い日の思い出』（株式会社ベストセラーズ、1975）
P35　近現代フォトライブラリー
P36　満鉄会『満鉄四十年史』（吉川弘文館、2007）、太平洋戦争研究会『図説満州帝国』（河出書房新社、1996）などをもとに作成
P38　兼橋正人・安冨歩「鉄道・人・集落」／『「満洲」の成立』P64－65
P40　兼橋正人・安冨歩「鉄道・人・集落」／『「満洲」の成立』P73
P43　一色達夫、宇野木敏編『写真集［満洲］遠い日の思い出』（株式会社ベストセラーズ、1975）／『「満洲」の成立』P97
P50　『山東省動乱記念写真帖』青島新報、1928／『「満洲」の成立』P426
P59　兼橋正人・安冨歩「鉄道・人・集落』／『「満洲」の成立』P81、84
P62　UNITED STATES MILITARY ACADEMY（www.usma.edu）
P65　プラド美術館
P72　深尾葉子「山東の小農世界」／『「満洲」の成立』P449
P77　小出新一氏旧蔵、小出章夫氏所蔵／『「満洲」の成立』P218
P79　一色達夫、宇野木敏編『写真集［満洲］遠い日の思い出』（株式会社ベストセラーズ、1975）／『「満洲」の成立』P268
P90　近現代フォトライブラリー
P98　安冨歩「国際商品としての満洲大豆」／『「満洲」の成立』P309
P100　金澤求也「南満洲写真大観」満洲日日新聞社印刷部、1911年（復刻版、大空社、2008年）／『「満洲」の成立』P303
P104　安冨歩「国際商品としての満洲大豆」／『「満洲」の成立』P319
P122　近現代フォトライブラリー
P144　安冨歩『「満洲国」の金融』
P199　近現代フォトライブラリー
P215　近現代フォトライブラリー

参考文献

・上田貴子「奉天」『「満洲」の成立』第10章、名古屋大学出版会、二〇〇九年
・NHKスペシャル「圓の戦争」二〇一一年八月一四日放送
・大越慶（講演）二〇一四年一〇月二〇日、長野県泰阜村
・岡田英樹「李輝英「万宝山」—事実と虚構のはざま」『立命館文学』第六二〇号、立命館大学人文学会、二〇一一年
・片山杜秀『未完のファシズム 「持たざる国」日本の運命』新潮社、二〇一二年
・勝俣鎮夫『戦国時代論』岩波書店、一九九六年
・兼橋正人・安冨歩「鉄道・人・集落」『「満洲」の成立』第2章、名古屋大学出版会、二〇〇九年
・永井リサ「タイガの喪失」『「満洲」の成立』第1章、名古屋大学出版会、二〇〇九年
・永井リサ・安冨歩「凍土を駆ける馬車」『「満洲」の成立』第3章、名古屋大学出版会、二〇〇九年
・原山煌「タルバガンとペストの流行」『「満洲」の成立』第4章、名古屋大学出版会、二〇〇九年
・半藤一利『昭和史 1926—1945』平凡社、二〇〇九年
・深尾葉子・安冨歩「廟に集まる神と人」『「満洲」の成立』第7章、名古屋大学出版会、二〇〇九年
・深尾葉子「山東の小農世界」『「満洲」の成立』、第11章、名古屋大学出版会、二〇〇九年
・深尾葉子・安冨歩「中国農村社会論の再検討」『「満洲」の成立』第13章、名古屋大学出版会、二〇〇九年
・前田哲男『戦略爆撃の思想 ゲルニカ、重慶、広島』凱風社、新訂版、二〇〇六年

・牧村健一郎『日中をひらいた男　高碕達之助』朝日新聞出版、二〇一三年
・松重充浩「営口」『「満洲」の成立』第9章、名古屋大学出版会、二〇〇九年
・松本俊郎『「満洲国」から新中国へ』名古屋大学出版会、二〇〇〇年
・満鉄会編『満鉄四十年史』吉川弘文館、二〇〇七年
・本村凌二『馬の世界史』講談社、二〇〇一年
・安冨歩・深尾葉子編『「満洲」の成立』名古屋大学出版会、二〇〇九年
・安冨歩「県城経済」『「満洲」の成立』第5章、名古屋大学出版会、二〇〇九年
・安冨歩「県流通券」『「満洲」の成立』第6章、名古屋大学出版会、二〇〇九年
・安冨歩「国際商品としての満洲大豆」『「満洲」の成立』第8章、名古屋大学出版会、二〇〇九年
・安冨歩「森林の消尽と近代空間の形成」『「満洲」の成立』終章、名古屋大学出版会、二〇〇九年
・安冨歩『「満洲国」の金融』創文社、一九九七年
・安冨歩「マイケル・ジャクソンの思想　第一回　"Jam"とは何か」『エリス』第一号
・安冨歩（講演）「原発危機と親鸞ルネッサンス」二〇一三年六月三〇日、兵庫県姫路市
・矢部宏治『日本はなぜ、「基地」と「原発」を止められないのか』集英社インターナショナル、二〇一四年

本書は、科学研究費補助金（201938l5; 代表者　深尾葉子）の成果の一部を含んでいる。
構成　ながたかずひさ／図版作成　フロマージュ／ＤＴＰ　オノ・エーワン

安冨 歩（やすとみ・あゆむ）
1963年大阪府生まれ。東京大学東洋文化研究所教授。京都大学経済学部卒業後、都市銀行に勤務。退職後、京都大学大学院経済学研究科修士課程修了。博士（経済学）。主な著書に『原発危機と「東大話法」』『誰が星の王子さまを殺したのか』（以上、明石書店）、『ドラッカーと論語』（東洋経済新報社）、『超訳 論語』（ディスカヴァー・トゥエンティワン）、『経済学の船出』（NTT出版）、『「満洲国」の金融』『貨幣の複雑性』（以上、創文社）、『「満洲」の成立』（名古屋大学出版会／深尾葉子氏との共編）など多数。

満洲《まんしゅう》暴走《ぼうそう》　隠《かく》された構造《こうぞう》

大豆《だいず》・満鉄《まんてつ》・総力戦《そうりよくせん》

安冨《やすとみ》 歩《あゆむ》

2015年 6月 20日　初版発行
2025年 9月 5日　20版発行

◆◇◇

発行者　山下直久
発　行　株式会社KADOKAWA
〒102-8177　東京都千代田区富士見 2-13-3
電話　0570-002-301（ナビダイヤル）

装 丁 者　緒方修一（ラーフイン・ワークショップ）
ロゴデザイン　good design company
印 刷 所　株式会社KADOKAWA
製 本 所　株式会社KADOKAWA

角川新書
 ISBN978-4-04-653435-4 C0295